产品管理与运营系列丛书

朱学敏 —— 著

产品闭环

重新定义产品经理

Product Closed Loop
Redefining Product Manager

图书在版编目（CIP）数据

产品闭环：重新定义产品经理 / 朱学敏著 . —北京：机械工业出版社，2020.4（2023.10 重印）

（产品管理与运营系列丛书）

ISBN 978-7-111-65376-9

I. 产… II. 朱… III. 企业管理 – 产品管理 IV. F273.2

中国版本图书馆 CIP 数据核字（2020）第 062633 号

产品闭环：重新定义产品经理

出版发行：机械工业出版社（北京市西城区百万庄大街 22 号　邮政编码：100037）
责任编辑：董惠芝
责任校对：李秋荣
印　　刷：固安县铭成印刷有限公司
版　　次：2023 年 10 月第 1 版第 5 次印刷
开　　本：147mm×210mm　1/32
印　　张：13
书　　号：ISBN 978-7-111-65376-9
定　　价：89.00 元

客服电话：(010) 88361066　68326294

版权所有·侵权必究
封底无防伪标均为盗版

推荐语

《产品闭环》一书干货满满,很多工作方法论与产品知识体系都采用了理论结合案例的形式,完整、清晰、有层次。对产品经理而言,《产品闭环》是一本很实用和接地气的书。

Eric

原腾讯科技产品经理

本书围绕产品的道、器、法、术、势五个层面阐述了产品经理的知识体系。对于那些还在摸索的同行们,此书值得一读。

刘昌林

裂变增长实验室联合创始人

与学敏在项目融资活动中相识,他是一个集开发、设计、产品和管理于一身的产品经理。书中内容是他多年产品经验的总结,很多产品方法论和技能值得学习,在此推荐给大家。

Tsing Xu

天使轮投资人

产品经理不仅需要掌握"术"层面的技能,还要掌握"道"层面的思维。《产品闭环》从道、器、法、术、势五个层面全面阐述了产品经理所需要掌握的技能,将实际工作中的"道"与"术"提炼出来,形成一个产品经理需要掌握的完整闭环。如果你准备从事产品经理这个职业,本书可以帮你了解产品经理的日常工作流程,以及做产品的思维模式。如果你已经在产品经理岗位工作多年,本书可以帮助你加强对产品的理解和认知。

陈森林
阿拉丁小程序统计平台产品负责人

思维比单纯的执行更重要,如何将产品思维与痛点思维、场景思维、商业思维、数据思维等一系列知识点串联起来,并很好地运用,本书给出了答案。本书将入门知识、工具、思维、落地方法以及项目管理组成一个知识体系,非常适合处于成长阶段的产品经理阅读。

刘园园
三代人科技产品经理

平时阅读的很多产品相关的内容,更多是理论层面的,在实际工作中鲜有能用的。本书更实用一些,很多内容都是作者在工作中沉淀的方法和经验,干货十足。在相同的产品场景中,很多方法可以直接拿来用。

冯驰
中关村在线产品经理

这是目前唯一一把"闭环"说透的产品经理类书籍。学敏结合自己的产品经验和实践场景,从闭环思维、闭环能力、闭环模型等维度构建了产品心法。

Teapa
原平安科技高级产品经理

学敏是一个比较有想法的人,也是一个善于付出行动的人。《产品闭环》凝聚了他对产品的思考、理解,以及实践经验。本书不只对产品经理有价值,对产品运营者也很有帮助。产品就像一道菜,而运营就像各种调料,本书在产品设计、开发、测试、上线、推广方面都做了详细介绍,是互联网从业者不可或缺的"红宝书"。

刘洋
民生易贷运营经理

前言

还记得最初做产品经理想改变世界的梦吗？朱学敏带你一起去实现。在产品经理的路上，我们要像蜗牛一样，即使缓慢，也要努力奔跑。

2015年的电商行业十分火爆，那时我在东南亚跨境电商项目上积累了一定经验，于是带着团队开始创业。我们的项目以"砍价"和"拼团"方式，通过"一元购"和"大转盘"场景赋能，链接商家和消费者，让传统电商的购物形式变得更具游戏性和趣味性。

那时候，我顶着CEO的光环身兼多职，同时负责软件开发、产品设计、项目管理和商务洽谈等工作。为了维持团队的正常运营，我们一边做项目，一边参加了"中国好项目"天使轮融资。经过三个月左右的努力，产品逐渐实现了盈利。比较遗憾的是，由于各种原因，最后项目失败。

不过，这次创业是我真正意义上从0到1做产品，也是第一次负责产品生命周期的全过程管理，虽然没有取得最终的胜利，但我对做产品一直保有热情和敬畏之心。此后，我经常利用业余时间，浏览产品社区，阅读行业专家的博客，参加线上培训或请教前辈，目的是让自己在有限的时间里，获得尽可能多的成长。就这样，经过一段很长时间的知识打磨和经验沉淀后，我成为一名产品经理。

与产品结缘，是因为对产品的那份热情，并让做产品变成一种兴趣。做产品经理久了，你会发现那些曾经让你困惑或者深信不疑的东西，并不一定会如你想象的那样，所以要学会独立思考，不要生搬硬套任何方法论，也不要强行吸纳别人的价值观。

写作初衷

工作期间我有一个习惯，就是在接触新的知识和技能时会主动自学，并把理论化的内容整理成实操性的文档。此外，我会在业余时间写一些技术和产品类文章，并发布到自媒体平台，通过这种方式与同行讨论，进而提升自己的专业技能。

做产品经理的这些年，我参与设计了很多产品，涉及互联网金融、共享出行、供应链、消费金融、跨境电商等领域。随着产品经验的不断增加，我积累了很多碎片化的产品知识，也形成了一套自己的做产品的方法论和流程。写作本书的目的一方面是想将做产品的点滴整理成系统化的产品知识，帮助更多关注PMLink产品经理社区的朋友；另一方面是想在而立之年到来前，给自己留一些在产品行业拼搏过的痕迹。

目前市面上产品经理相关的书籍很多，主题多且杂，知识点比较零散或碎片化。产品闭环作为企业经营产品的重中之重，也是优秀产品经理的核心竞争力之一，但系统性讲解产品闭环的书却很少。

关于本书

本书以"闭环"为切入点，全面且系统地讲述了产品经理的方法论和知识体系，同时也讲述了产品生命周期的基本工作流程和问题的解决方法。本书结合我的产品经验，通过对基本产品理论的讲解和对百余个实战案例的分析，帮助读者解答关于产品的困惑。

- 第1章主要讲述闭环理论、产品入门知识、产品思维、能力模型、职业瓶颈、职场面试和B端方法论等内容。
- 第2章主要讲述产品经理常用工具的使用方法、技巧、规范和流程等内容。
- 第3章主要讲述需求落地、PRD撰写、用户研究、产品设计、市场分析和产品形态等内容。
- 第4章主要讲述产品运营、会员积分体系、用户增长、商业闭环和数据分析等内容。
- 第5章主要讲述实施阶段的项目管理、产品迭代、敏捷开发、需求管理和团队管理等内容。

致读者

本书既可以帮助产品经理改变产品知识体系零散的处境，也可以帮助运营人员摆脱不懂产品业务带来的困扰，还可以帮助项目经理解决项目实施过程中遇到的问题。

我们曾经渴望成为自己想象中的形象高大的产品经理，但不知从什么时候开始，产品经理被贴上一些负面标签，人们对产品经理存在不少偏见："你不懂 UI？不懂技术？不懂交互？不懂运营？没关系，你可以当产品经理。"不了解产品行业的人，以为产品经理就是写写需求，画画原型，门槛低、工资高。实则不然。

所以，在阅读正文前，请思考一个问题：如果成为一名产品经理，你是打算做产品？还是打算做经理？

本书将从 0 到 1 教你如何在产品生命周期内完成一个完整的业务闭环。希望本书能够帮助你顺利走上产品经理之路，让你在职业发展的道路上越走越远。也希望你读完本书后，能静下心来做产品，做一名真正的产品经理。

书中绝大部分内容是我的产品经验总结，少部分内容是应公众号粉丝和产品朋友的需求而写的。书中难免会出现一些错误或不准确的地方，恳请读者批评指正。

写在最后

随着互联网的发展，互联网行业逐渐从技术驱动、产品驱动、运营驱动，转变为如今的数据驱动。但不管趋势如何变化，我们都要保持对产品最初的热情，尊重做产品的梦想，学会自律，懂得思考，用行动去践行，把它转化为兴趣。

作为产品经理，我已经从 0 到 1 负责过多款互联网金融类产品（App、H5、PC 前端 & 后台、小程序等），擅长贷前、贷中、贷后的全流程设计。作为"斜杠青年"，我想在产品、设计、开发和管理四个方面突破自己,也正试图以做产品的思维方式看待生活。

如果你有完善本书的建议或产品方面的困惑,可以通过我的公众号"产品闭环(ID:PMLoop)"留言,或发电子邮件至 pmlink@aliyun.com,我将及时为你答疑解惑。让我们共同进步,共同成长。

朱学敏
写于南山软件产业基地

目录

推荐语
前言

第 1 章 产品之"道"   1
1.1 初识产品经理的"闭环"   2
1.1.1 "闭环"理论来源   2
1.1.2 了解"闭环"含义   3
1.1.3 闭环的重要性   4
1.1.4 产品工作闭环   5
1.2 揭开产品经理神秘面纱   8
1.2.1 什么是产品经理   8
1.2.2 产品的行业现状   9
1.2.3 产品经理的分类   13
1.2.4 产品经理的主要职责   16
1.2.5 产品经理的成长路径   17
1.3 突破禁锢式的产品思维   18

1.4 产品经理进阶能力模型　　23
   1.4.1 商业化能力　　24
   1.4.2 需求分析能力　　27
   1.4.3 产品设计能力　　28
   1.4.4 项目管理能力　　29
   1.4.5 运营能力　　30
1.5 产品经理职业发展瓶颈　　31
1.6 产品经理面试务必复盘　　34
1.7 七面！面试某研究院产品负责人　　37
1.8 B 端产品经理的方法论　　41
   1.8.1 B 端业务梳理　　42
   1.8.2 B 端产品设计　　43
   1.8.3 B 端产品管理　　44
   1.8.4 B 端产品运营策略　　46

第 2 章　产品之"器"　　49

2.1 产品入门常用工具清单　　50
   2.1.1 原型制作工具　　50
   2.1.2 流程设计工具　　53
   2.1.3 思维导图工具　　54
   2.1.4 数据分析工具　　56
   2.1.5 项目管理工具　　58
   2.1.6 文档协作工具　　60
2.2 UML 建模更好地表达产品逻辑　　62
   2.2.1 用例图　　64

2.2.2　状态图　　　　　　　　　　　　65
　　　2.2.3　活动图　　　　　　　　　　　　67
　　　2.2.4　时序图　　　　　　　　　　　　68
　　　2.2.5　类图　　　　　　　　　　　　　69
　2.3　Axure 移动端原型设计规范　　　　　　73
　　　2.3.1　窗体规范　　　　　　　　　　　73
　　　2.3.2　导航规范　　　　　　　　　　　73
　　　2.3.3　字体规范　　　　　　　　　　　75
　　　2.3.4　颜色规范　　　　　　　　　　　76
　　　2.3.5　手势规范　　　　　　　　　　　77
　　　2.3.6　按钮规范　　　　　　　　　　　78
　　　2.3.7　输入规范　　　　　　　　　　　79
　　　2.3.8　提示规范　　　　　　　　　　　80
　　　2.3.9　弹窗规范　　　　　　　　　　　80
　2.4　Axure 原型部署到 GitHub 上预览　　　82
　2.5　产品流程设计详解　　　　　　　　　　90
　　　2.5.1　了解产品流程图　　　　　　　　90
　　　2.5.2　流程规范　　　　　　　　　　　91
　　　2.5.3　绘制流程图工具　　　　　　　　92
　　　2.5.4　设计产品流程图　　　　　　　　92

第 3 章　产品之"法"　　　　　　　　　　98
　3.1　需求分析流程闭环：让需求快速落地　　99
　　　3.1.1　需求来源　　　　　　　　　　　99
　　　3.1.2　需求收集　　　　　　　　　　　99

- 3.1.3 需求分类 ... 100
- 3.1.4 需求排序 ... 104
- 3.1.5 需求分析 ... 105
- 3.1.6 需求评审 ... 106

3.2 撰写一份实用的产品需求文档 ... 108
- 3.2.1 什么是产品需求文档 ... 108
- 3.2.2 写产品需求文档目的 ... 108
- 3.2.3 如何写产品需求文档 ... 109

3.3 用户研究：用户行为分析 ... 128
- 3.3.1 了解用户行为分析 ... 129
- 3.3.2 用户行为分析目的 ... 129
- 3.3.3 采集用户行为数据 ... 130
- 3.3.4 用户行为分析指标 ... 131
- 3.3.5 做好用户行为分析 ... 132

3.4 用户研究：用户画像分析 ... 140
- 3.4.1 收集数据 ... 141
- 3.4.2 行为建模 ... 142
- 3.4.3 构建画像 ... 144

3.5 分析飞聊的用户行为动机 ... 145

3.6 打造产品的用户体验闭环 ... 151

3.7 后台系统：产品闭环设计"七步法" ... 157
- 3.7.1 了解后台 ... 157
- 3.7.2 梳理业务 ... 159
- 3.7.3 确定布局 ... 160
- 3.7.4 字段设计 ... 161

3.7.5	流程设计	162
3.7.6	规则设计	163
3.7.7	原型设计	165

3.8 后台系统：基于 RBAC 模型的权限设计　166
3.9 B 端产品形态的闭环设计　177
 3.9.1　了解产品形态　177
 3.9.2　分析产品形态　178
 3.9.3　设计产品形态　178
3.10 区块链生态闭环尚未成熟　183
3.11 撰写一份高质量的市场需求文档　186
3.12 案例：优信和瓜子二手车竞品分析　196
 3.12.1　分析目的　199
 3.12.2　行业分析　199
 3.12.3　竞品选择　200
 3.12.4　竞品分析　201
 3.12.5　商业模式　209
 3.12.6　运营策略　210
 3.12.7　分析总结　214
3.13 案例：B 端优信二手车产品调研　214
3.14 系统迁移中的数据闭环　232

第 4 章　产品之"术"　238
4.1 从产品的角度谈闭环运营　239
 4.1.1　用户运营　239
 4.1.2　活动运营　240

4.1.3 内容运营 　　241
4.1.4 产品运营 　　242
4.1.5 新媒体运营 　　243
4.2 做好线上活动运营的闭环 　　244
4.2.1 活动目标 　　245
4.2.2 活动分析 　　246
4.2.3 活动方案 　　247
4.2.4 活动推广 　　250
4.2.5 活动执行 　　251
4.2.6 活动复盘 　　252
4.3 让红包玩法贯穿营销闭环 　　253
4.3.1 新手福利 　　254
4.3.2 邀请有奖 　　255
4.3.3 投资返现 　　256
4.3.4 签到奖励 　　256
4.3.5 抽奖游戏 　　258
4.3.6 兑换红包 　　259
4.4 打造一个有价值会员体系 　　260
4.4.1 了解会员体系 　　260
4.4.2 会员体系的作用 　　261
4.4.3 搭建会员体系 　　262
4.5 搭建一个闭环的积分体系 　　268
4.5.1 积分获取方式 　　269
4.5.2 积分消耗机制 　　272

4.5.3　积分管控策略　　276

4.6　基于裂变场景打造用户增长的闭环　　278
　　　4.6.1　裂变原理　　281
　　　4.6.2　拼团裂变　　282
　　　4.6.3　砍价裂变　　284
　　　4.6.4　分销裂变　　286
　　　4.6.5　用户转化　　288
　　　4.6.6　产品价值　　289

4.7　通过商业画布更好地了解商业模式　　290

4.8　案例：共享按摩商业闭环设计　　297
　　　4.8.1　头等舱互联商业闭环设计　　298
　　　4.8.2　摩摩哒商业闭环设计　　299
　　　4.8.3　爽客商业闭环设计　　302

4.9　用 RFM 模型细分用户价值　　304

4.10　北极星指标是用户增长的闭环　　312

4.11　基于 Python 的好友数据可视化　　316

4.12　B 端赋能：打造车生活服务平台　　324
　　　4.12.1　商业模式闭环　　325
　　　4.12.2　消费场景闭环　　327
　　　4.12.3　服务生态闭环　　328

4.13　B 端渠道运营的闭环分析　　330
　　　4.13.1　内容投放　　331
　　　4.13.2　渠道推广　　331
　　　4.13.3　流量分析　　334

第 5 章 产品之"势" 338

5.1 "半路出家"做项目管理 339
5.1.1 启动过程 341
5.1.2 计划过程 343
5.1.3 实施过程 344
5.1.4 执行过程 346
5.1.5 收尾过程 347

5.2 把项目复盘当干货来践行 348
5.2.1 回顾目标 353
5.2.2 评估结果 353
5.2.3 分析原因 354
5.2.4 总结经验 354

5.3 敏捷开发过程中的产品迭代 355
5.3.1 什么是产品迭代 355
5.3.2 为何要产品迭代 357
5.3.3 怎么做产品迭代 360

5.4 用 ScrumWorks Pro 做敏捷开发 361

5.5 合理进行需求变更管理 368
5.5.1 了解需求变更 368
5.5.2 需求变更来源 368
5.5.3 需求变更原因 371
5.5.4 需求变更控制 371
5.5.5 需求变更存档 374

5.6 高效产品团队的闭环管理 374
5.6.1 目标制定 375

5.6.2	问题沟通	376
5.6.3	资源协调	376
5.6.4	项目跟进	377
5.6.5	绩效管理	378
5.6.6	团队建设	380
5.7	**让团队明确产品规划的里程碑**	**380**
5.7.1	产品规划路线图	381
5.7.2	产品规划重要性	382
5.7.3	如何做产品规划	383

附录 产品经理常用术语   387

后记   393

第 1 章 CHAPTER 1
产品之"道"

在产品为王的时代,如何在激烈的竞争中迅速掌握核心竞争力,是每一位产品经理的焦虑点。产品之"道"为各位想要成为产品经理、正在经历职场迷茫期的产品经理送来一束产品之光,提出产品经理必备的思维——"闭环思维",讲述产品经理从小白进阶为专家需要具备的能力,包括商业化能力、需求分析能力、产品设计能力、项目管理能力、运营能力等。产品之"道"就像是内核,只有内核是先进、完备的,工作才高效、流畅。

1.1 初识产品经理的"闭环"

谈互联网必谈"闭环",想必很多产品经理都听过"闭环"这个词。

1.1.1 "闭环"理论来源

"闭环"理论来源于美国质量管理专家沃特·阿曼德·休哈特博士提出的"PDCA 循环"。"PDCA 循环"将管理分为 4 个阶段:P(计划)、D 执行、C(检查)和 A(处理),如图 1-1 所示。

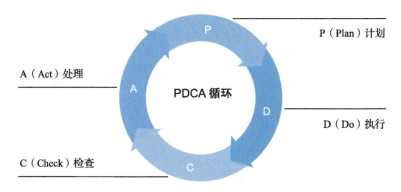

图 1-1 PDCA 循环

- ❑ **P(Plan)计划**:目标与方针的确定,以及活动规划的制定。
- ❑ **D(Do)执行**:根据已掌握的信息,设计具体的方法、方案以及计划布局等,再据此运作和实现计划中的内容。
- ❑ **C(Check)检查**:总结执行的结果,分析正误,进而明确效果,以便随时发现问题。

- A（Act）处理：对检查发现的问题进行处理，按照目标要求改进。

以上 4 个过程不是运行一次就结束，而是周而复始地循环。一个"PDCA 循环"会解决一些问题，对于没有解决的问题，则提交给下一个"PDCA 循环"去解决。

1.1.2 了解"闭环"含义

"闭环"就是产品从 0 到 1 整个过程中的功能实现和循环对接。"闭环"意味着循环，一切产品的闭环都是从循环开始的。

想要快速形成闭环，就要及时得到反馈。比如在使用产品的过程中，从用户提出问题到解决产品问题，就是一个问题反馈的闭环，如图 1-2 所示。

图 1-2 问题反馈闭环

闭环不是简单的循环，而是一个动态的基于反馈的系统，是对业务不断优化、产品不断迭代的过程。这是产品经理成长途中不断试错的过程，我们要做的就是用较低的成本实现快速试错。

我认为闭环就是产品之"道"。产品闭环是产品生态体系设计中最为关键的业务流程。一条产品线有多个产品，一个产品闭环包含着多个大闭环，大闭环下又有小闭环。产品经理要关心的就是那些影响产品体验的小闭环和挖掘用户痛点的大闭环。

所谓闭环就是让事情有始有终，任务从启动到结束形成一个完整的链路。闭环的特征包括：约定时间内答复、及时有效的沟通、减少双方的信息不对称、阶段性的反馈。引用一句话来讲就是："凡事有交代，件件有着落，事事有回音。"

1.1.3　闭环的重要性

闭环广泛应用于现代企业管理中，比如日常的团队管理、项目管理、新产品开发管理、流程测试管理等。对于产品经理而言，闭环的概念也发挥着重要的作用。

- ❑ 闭环可以对产品问题的假设进行验证，可以快速发现并解决问题，从而更好地优化产品。
- ❑ 闭环可以改变产品决策，跟进业务并调整产品方向，实现产品的快速迭代，从而提升产品竞争力。
- ❑ 闭环可以帮助团队进行资源协调和问题沟通，形成正确的反馈机制，从而提升整体的工作效率。
- ❑ 闭环可以让市场情况、业务流程、产品表现、运营数据的结果以终为始，从而使结果螺旋上升。

对于闭环来说，最重要的是反馈。在完成任务的过程中，我们要及时向上级领导或相关负责人反馈项目进度，提前告知当前阶段存在的问题或情况，从而规避未知的错误或风险。

闭环来源于反馈，再作用于工作。有些公司产品管理很乱，其中一个重要的原因就是工作没有形成有效的闭环反馈机制。因为工作中的信息不对称,导致问题没法跟进,或问题沟通成本太大,这些往往是低效率的工作方式。

1.1.4 产品工作闭环

对于产品经理来说,从任务发起到任务结束是一个完整且持续的工作闭环。产品工作闭环包括目标管理、过程管理与结果复盘,如图 1-3 所示。

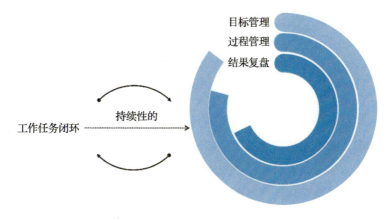

图 1-3 产品工作闭环

以产品经理实际工作场景的闭环为例,如图 1-4 所示,从市场研究、需求分析、产品设计到需求管理、项目管理、产品规划的过程,就是一个大的工作闭环。大的工作闭环还可以按阶段细分出多个子闭环。

1. 市场研究闭环

从市场研究的角度考虑,对标竞品分析、检查市场机会点是否真实存在，以便挖掘产品的最大价值，让产品形成某种业务形态的闭环。闭环可以帮助我们验证商业模式和了解目标用户。

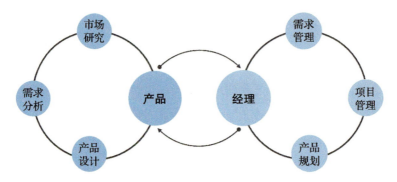

图 1-4　产品经理实际工作场景的闭环

2. 需求分析闭环

从业务节点和业务逻辑角度考虑，对整体业务流程进行分析时，重点是梳理业务逻辑能否形成闭环，即能否让需求快速落地。需求最终都要为一个完整的业务闭环而服务，简单说就是回答"为谁解决痛点以实现产品目标"的问题。

3. 产品设计闭环

在产品设计的全流程中，每一个需求的功能点，从最初的接触到中间过程的了解，再到后来的熟悉，整个过程是循序渐进的。这个过程需要我们去寻找产品闭环的突破点，不断收集反馈、调整策略、洞察创新，以便明确产品闭环的形式，消灭破坏产品闭环的不确定因素。

4. 需求管理闭环

大到产品的生命周期，小到功能的业务流程，做需求管理最重要的一点就是能够在项目实施前发现问题。此外，对需求变更要有合理的应对机制和解决方案，以便了解更多的业务，并形成有效的反馈环路。

5. 项目管理闭环

对项目任务进行闭环管理，要学会借助 5W2H 分析法，如图 1-5 所示，即了解分配了什么任务，为何要执行该任务，到了什么阶段，哪位项目负责人追踪，项目进度如何，开发质量怎么样，实际结果如何。

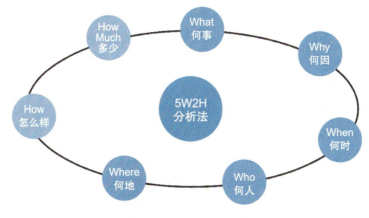

图 1-5　5W2H 分析法

此外，产品经理要定期向领导汇报，让项目干系人知道整体进度、当前问题和工作结果，最后做阶段性的项目复盘。

6. 产品规划闭环

产品规划是产品生命周期中非常重要的一环，能为版本迭代找到方向。基于业务对产品进行版本迭代，每一次迭代都是为了得到更好的产品规划。产品规划的根本目的是提高产品竞争力，以便逐步打造一个优质的产品。

总而言之，产品经理的工作一旦形成有效的闭环，就可以快速提高工作效率。闭环是产品经理进阶的加速因子，很多产品经理都在培养自己的产品闭环能力，让自己的产品方法论越来越系统化，最终形成知识体系。

1.2 揭开产品经理神秘面纱

一个产品的诞生，遵循事物发展的普遍规律，即通过反复的试验，不断分析过程，总结结果，最后交付产品。一个好的产品则要满足刚需、痛点、黏性这三个特点，具体主要体现在如下方面。

- ❏ 符合产品目标，可满足用户最本质的需求。
- ❏ 解决用户痛点，让产品有较好的用户体验。
- ❏ 持续输出价值，增加用户的黏性和忠诚度。

一个好的产品经理需要懂需求、对产品有责任感，主要体现在：了解行业上下游产业链，形成业务闭环；对产品负根本责任，推动项目迭代；有产品思维，追求价值最大化。

当你打算入门或转行做产品经理时，请认真思考两个问题：你了解产品吗？你觉得产品经理应该是什么样的？

1.2.1 什么是产品经理

产品经理到底扮演着什么角色？实际上，产品经理是一个产品的商业洞察者、需求推动者和内容创作者。

提及产品经理，我们一般会想到苹果的乔布斯、微信的张小龙、小米的雷军等产品领军人物。这些优秀的产品经理，已经或正在用他们创造的产品改变着我们的生活方式。

产品经理可以理解为对产品的管理。产品经理是公司为了管理一个产品或者一条产品线所设定的职位，并对产品生命周期的所有事项进行一系列管理。

我所理解的产品经理就是产品的直接负责人，管理产品的整个过程，并对产品的最终结果负责。无论从 0 到 1 做产品还是系统重构，产品经理都是产品生产过程中不可或缺的角色。产品经理以用户需求为导向，负责产品规划、产品设计以及产品生命周期管理，并持续输出有价值的产品。

1.2.2 产品的行业现状

近几年，伴随着移动互联网的发展，产品经理需求量高速增长，导致产品经理岗位逐渐趋于饱和。产品经理价值不断被弱化，缺乏核心竞争力。

产品经理抱怨不好找工作，企业诉苦招不到人，这里的稀缺价值就是产品经理的核心竞争力。为了更全面地了解产品经理的市场情况，下面我们借助百度搜索指数来进行数据分析。

图 1-6 的搜索指数展示了互联网用户对"产品经理"关键词的关注度。搜索指数显示：日均值已经达到 1719，其中 2019 年 3 月 5 日的峰值达到 2884。"产品经理"在百度搜索中的搜索频次和热度不断上升。

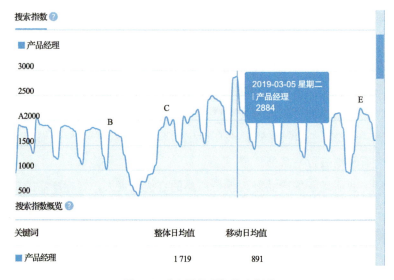

图 1-6 "产品经理"搜索指数

图 1-7 展示了用户在搜索"产品经理"时表现出来的相关检索需求。图 1-7 在一定程度上体现了用户需求的分布情况,且向用户呈现出搜索"产品经理"的人群隐含的关注焦点和消费欲望。我们发现,用户在搜索"产品经理"时,"产品经理招聘"的搜索指数上升,"产品经理培训"的搜索指数下降(靠近图 1-7 中间的部分,相关的信息需求较大)。

地域分布显示可以体现关注"产品经理"的用户来自哪里,并给出用户所属城市及城市排名。结合图 1-8 可知,区域分布主要集中在一线城市,包括北京、上海、深圳、广州,这些城市在一定程度上得益于互联网的快速发展,使得产品经理的发展目前处于全国领先水平。

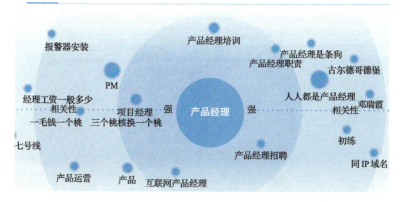

图1-7 产品经理需求图谱

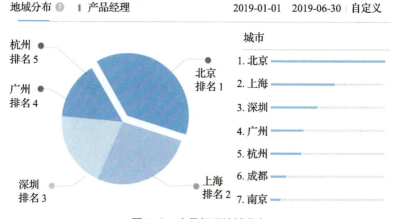

图1-8 产品经理地域分布

人群属性主要显示关注"产品经理"的用户的年龄和性别分布。结合图1-9可知,年龄分布主要集中在20~29岁,占比高达70%。性别分布中,男性占比高达61%。从上述数据,我们可以初步判断产品经理岗位偏年轻化,且男性占比较大。

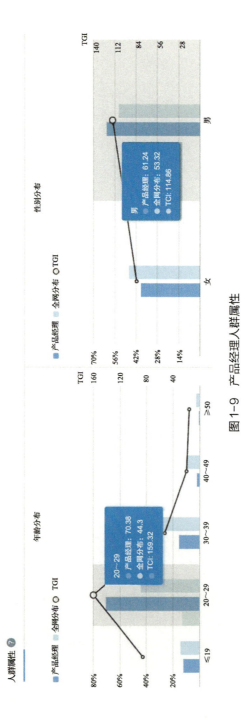

图1-9 产品经理人群属性

兴趣分布显示关注"产品经理"的人群分布以及相对全网分布平均表现的强弱程度。结合图 1-10 可知，在资讯、教育培训、旅游出行、求职创业和商务服务等领域，关注求职创业的产品经理占比高达 91.2%，全网分布为 52.15%，TGI 为 17489。这在一定程度上反映了产品经理对求职创业的关注度比较高。

以求职创业的兴趣分布为例，如图 1-11 所示，我们了解到用户关注点集中在创业、期望年薪等维度上。我们可以根据兴趣点进一步优化产品关键词或投放策略。

1.2.3　产品经理的分类

随着行业越来越细分化，产品经理的工作内容也被分得越来越细。按不同的维度划分，产品经理的分类如下。

- **按行业分类**：电商、教育、旅游、社交、O2O、金融、视频处理、内容、工具、支付、搜索等产品经理。
- **按服务终端分类**：App 端、H5 端、小程序端、Web 前端、PC 中台、PC 后台等产品经理。
- **按职级分类**：产品助理、产品经理、高级产品经理、产品总监、产品专家等。产品助理的主要工作内容为协助产品经理完成产品的日常相关工作；产品经理的主要工作内容为对产品进行需求分析、产品设计并输出 PRD 文档；高级产品经理的主要工作内容为设计系统方案，完成产品生命周期管理；产品总监的主要工作内容为建立和规划产品方向，管理产品团队；产品专家的主要工作内容为专注研究产品的商业模式和业务形态，并提供解决方案。

| 产品闭环 |

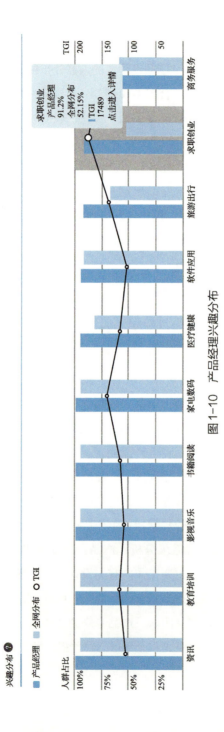

图1-10 产品经理兴趣分布

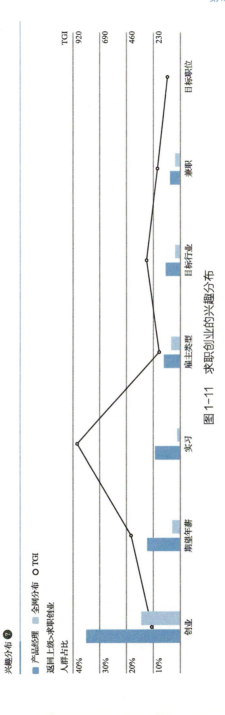

图1-11 求职创业的兴趣分布

- **按内容分类**：需求产品经理、数据产品经理、策略产品经理、商业产品经理。需求产品经理的主要工作内容为对需求进行分析并编写 PRD 文档；数据产品经理的主要工作内容为通过数据挖掘、追踪与分析，进而优化产品方向；策略产品经理的主要工作内容为制定运营策略、流量策略、分成策略，并优化策略方向；商业产品经理的主要工作内容为评估产品机会，利用商业模式与转化流量，实现盈利。
- **按项目分类**：研发型产品经理、运营型产品经理、市场型产品经理。研发型产品经理的主要工作内容为市场调研、需求分析、产品设计；运营型产品经理的主要工作内容为产品推广、用户运营、数据分析；市场型产品经理的主要工作内容为市场推广、产品变现、品牌曝光。

1.2.4 产品经理的主要职责

产品经理的职责就只是做产品吗？有些人往往只知道产品经理的岗位，不太清楚产品经理的具体职责，也不清楚产品经理工作中可能涉及的工作内容。

随着对产品经理的深入了解，我们会逐步接触不同行业、领域的产品经理，即使在不同的领域，其工作职责也主要分为以下4 个方向。

- **市场调研与分析**：了解目标市场的用户需求，研究主要竞品的运营策略，分析自身可支配的人力资源与当前产品的情况。

- **产品规划与设计**：从产品架构、业务流程、UML 建模、用户画像等角度定义产品、设计原型，并输出 PRD 文档。
- **项目全过程管理**：拟定项目计划、组织需求评审、召开每日站立会、协调内外部资源、跟进项目进度、组织项目复盘。
- **产品运营与推广**：负责线上平台的产品优化、协作线下市场的渠道推广、确保运营策略快速落地、完成用户数据分析。

此外，产品经理还需掌握一套标准的、流程化且行之有效的工作方法论。

1.2.5　产品经理的成长路径

产品经理的成长是一个不断试错的过程，但产品经理必须要低成本试错，且不能踯躅于同一个问题或错误上。

入行产品经理以后，我们会经历从初级、中级、高级，一直到资深产品经理各个阶段，如图 1-12 所示。其中，阶段 1 主要完成产品进阶：系统学习产品技能以满足工作的需要；阶段 2 主要完成专项提升：逐步提升业务能力解决工作问题；阶段 3 主要完成商业变现：全面研究商业模式和产品形态，为公司快速盈利。

有些产品经理在成长路上可能会实现跨阶段的提升，前提是要有自己的核心竞争力，要学会思考，懂得复盘。此外，很多能力突出的产品经理都有一个共同的品质，那就是能够承担各个阶段的责任。初级产品经理和中级产品经理的区别在于技能，中级产品经理和高级产品经理的区别则在于责任。

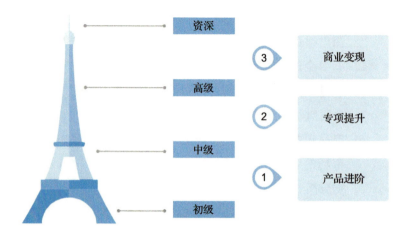

图 1-12　产品经理成长路径

产品经理是一个以软实力为主的岗位,主导产品的整个生命周期。在产品经理的成长道路上,具备何种能力、擅长哪个方向,以及企业青睐什么样的产品经理,你都必须做到心里有数,认清自身的价值所在。

1.3　突破禁锢式的产品思维

产品思维的核心是"道"与"术"。古人说:"上人用道,中人用术,下人用力。""道"是指人为什么而活着,"术"是指人为了活着而采取的办法。做人的境界是"道",做人的技巧是"术"。做人最高境界是"道""术"兼修,以"道"为原则,以"术"为方法。

产品思维是指导产品经理利用现有资源,更好地完成相关工作,或解决用户需求的一种思维方式。产品思维的本质是连接人性、洞察需求、赋能场景,进而形成思维的闭环,如图 1-13 所示。

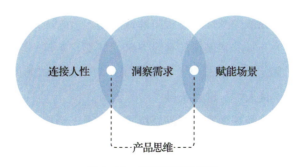

图 1-13　产品思维的本质

产品思维是一个抽象的概念，它的表现形式包含同理心、批判性思维、发散性思维、空杯思维、逻辑思维、逆向性思维等，如图 1-14 所示。产品思维其实是通过自我辩证的方式，倒推之前设定的想法，同时验证其可行性，这种思维有助于打造一款符合用户使用场景的产品。

图 1-14　产品思维的表现形式

以设计登录环节为例，常见的登录方式有密码登录、验证码登录、第三方授权登录，以及本机一键登录。本机一键登录不需用户验证码认证，不需跳转到第三方应用，不需用户记住账号和密码，所以在减少操作的过程中降低了用户流失率，增加了用户黏性，成为一种非常便捷的登录方式。其实，本机一键登录方式就突破了固定的产品思维，改变了用户对登录方式的原有认知，用同理心连接人性，进而获得产品的创新。

对于产品经理而言，产品思维更多侧重于用户思维、痛点思维、数据思维、运营思维、场景思维、迭代思维、商业思维等。这些产品思维都是从产品角度出发，打造思维闭环，在培养正向闭环的过程中，螺旋式上升。

比如用户思维，用同理心践行利他行为，让用户有参与感。痛点思维解决用户的真正需求，增加产品黏性。数据思维以结果为导向用数据说话，从数据中分析并获取商业价值。运营思维指持续地做产品运营和用户服务，增加用户活跃度。场景思维创造体验式的产品，满足用户多样化的需求。迭代思维关注阶段性优化产品的功能模块，提升产品的竞争力。

产品思维不是某一种思维，而是一个思维闭环体系。产品思维是产品能力的重要表现，建议读者去"得到"App听听梁宁的《产品思维30讲》或罗振宇的《罗辑思维》，如图1-15所示。

图1-15 "得到"产品思维课程

在面试过程中，应聘者经常会遇到一个开放性问题：产品思维是什么？其实这个问题没有标准答案，也没有所谓的ABCD项可以选择，我们只需要站在产品经理的角度思考这个问题即可。

此外,面试官让你结合自己的产品经验,对一款主流App进行分析。其实,分析过程中涉及的产品形态、商业闭环、用户体验、产品运营、迭代路径等内容都包含在产品思维中。直白地说,面试官把产品思维当作产品经理技能的一个评判标准。

作为一名产品经理,我们要学会从产品思维的角度审视产品,从而提升产品质感。以客服系统和社交工具为例,如图1-16所示。为何客服系统和社交工具的对话气泡背景突出是不一致的?客服系统把客服问答内容醒目突出,社交工具则把本人回复内容高亮显示。

图1-16 客服系统与社交工具对话背景显示

二者都是有聊天属性的产品,但从产品思维角度分析,二者关注的侧重点不一样。客服系统是问答机制,侧重客服的回答,比如你会关注咨询的某个问题是否快速得到有效解决。社交工具是对话机制,侧重自己的回复,比如你回复某位好友的消息后,第一反应是回看自己的答复是否合理。

在实际工作中,我们有时候会处于问题考虑不全面、需求分析不到位、场景设计无从入手的尴尬境地,说到底还是产品思维的问题。产品经理若偏离产品思维,设计出来的产品会很糟糕,毫无用户体验可言。

初级产品经理与资深产品经理的差距不在于技能,而在于思维。产品经理要学会用产品思维分析问题,即在头脑中形成有开始、有结束、有回馈的意识。评价一款产品,我们可以从用户画像、使用场景和闭环设计三个维度逐层深入地分析,如图1-17所示。

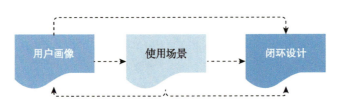

图1-17 产品分析维度

产品思维在客户、领导和员工间构建富有成效的关系,这种关系让企业变得更强大,并让企业的三大思维形成闭环,如图1-18所示。在领导和客户间建立的商业思维,让合作可以循环下去;在客户和员工间建立的用户思维,让需求可以驱动产品设计;在领导与员工间建立的团队思维,让项目管理和实施者更有责任心。

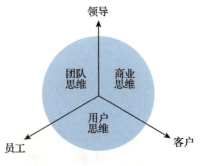

图1-18 企业三大思维闭环

把产品思维应用到产品,就是让产品经理在公司价值和用户价值之间找到一个平衡的切入点,然后通过自我辩证与逻辑推演得到一个综合解决方案的思维体系。

产品思维的本质是洞察人性,核心是挖掘用户需求。用户需求是产品存在的唯一价值,产品的第一作用是解决用户需求。我们在设计某款产品时,可以用产品思维来衡量用户,站在用户的角度看问题,重新审视用户需求,并结合公司及市场的多元情况,搭建一个可执行或可复制的思维体系。

产品思维是一种持续迭代和演化的思维体系,需要我们像用户一样具有同理心,并秉持好奇心,思考产品背后的逻辑,从而形成一套做产品的方法论。

1.4 产品经理进阶能力模型

在产品经理的成长路上,有的人二十几岁就开始迷茫,三十几岁走到人生岔路口。面临选择的时候,有的人或被行业远远甩开,或继续迷茫下去。

"90后"的产品经理,在经历了迷茫期后,迎来了"三十而立"的阶段。三十岁是职业生涯的一个分水岭,也是产品经理职业发展的一个瓶颈期。

在职业规划中,产品专家都在反复强调"产品经理能力模型"对职业规划的重要性。在产品经理社区,我看过五花八门的与产品经理能力模型相关的文章,但最经典且在业内比较受认可的是腾讯产品经理能力模型和百度产品经理能力模型。有些产品经理在入门时,甚至把它们奉为瑰宝。

以腾讯产品经理能力模型为例，如图 1-19 所示。它包括通用能力、专业知识、专业技能、组织影响力 4 项核心能力。而每一项能力可拆分成多个指标，每一个指标都可用来衡量产品经理的能力水平。

在做金融产品经理时期，我从 0 到 1 和从 1 到 100 负责过多款金融产品，涵盖 App、H5、小程序、PC 等客户端或服务端。在产品经验不断积累的过程中，我慢慢地构建起一套属于自己的产品能力模型。

借着对自己负责的产品进行复盘的机会，我分享一下产品经理在技能进阶时应该具备什么样的能力。

产品经理能力模型的关键点在于对自身能力的认知，这样可以更清楚自己的职业目标和发展方向。根据经验，我将产品经理的能力模型分为：商业化能力、需求分析能力、产品设计能力、项目管理能力和运营能力，如图 1-20 所示。

1.4.1　商业化能力

商业化能力就是找到产品的商业合作机会，从中挖掘可产生商业盈利的切入点。对产品经理而言，商业化能力主要体现在商业闭环、业务形态、产品变现上。

1. 商业闭环

商业化模型最典型的部分是商业闭环设计。商业闭环主要从客户细分、价值主张、渠道通路、客户关系、收入来源等 9 个方面验证新产品或对标竞品的商业模式，从而预测市场变化并制定产品战略地图。

第1章 产品之"道"

能力框架		能力项	1级 基础	1级 普通	1级 职业	2级 基础	2级 普通	2级 职业	3级 基础	3级 普通	3级 职业	4级 基础	4级 普通	4级 职业	5级 基础	5级 普通	5级 职业
通用能力	1	学习能力(基本素质)	1	2	3	3	4	4	4	5	5	5	5	5	5	5	5
	2	执行力(基本素质)	1	2	2	2	3	3	4	4	5	5	5	5	5	5	5
	3	沟通能力(基本素质)	1	2	2	3	3	3	4	4	4	5	5	5	5	5	5
	4	行业融入感-主人翁精神(关键素质)	1	1	2	2	2	2	3	3	4	4	4	5	5	5	5
	5	心态和情商(关键素质)	1	1	1	2	2	2	3	3	3	4	4	4	5	5	5
专业知识	6	技术知识(关联知识)	0	1	1	2	2	2	3	3	3	4	4	4	5	5	5
	7	项目管理(关联知识)	0	1	1	1	2	2	3	3	4	4	4	5	5	5	5
	8	其他知识:财务、心理学、美学、办公技能	0	0	1	1	2	2	3	3	3	3	4	4	4	4	5
	9	产品规划:版本计划/节奏(产品能力)	0	1	1	2	2	2	3	3	3	4	4	4	5	5	5
专业技能	10	专业设计能力(产品能力)	1	1	1	2	2	2	3	3	3	3	3	4	4	4	5
	11	市场分析能力/前瞻性(市场能力)	0	0	1	1	2	2	3	3	3	3	4	4	4	5	5
	12	对外商务沟通(BD/P3以上)(市场能力)	0	0	0	0	0	0	1	2	2	2	3	4	4	4	4
	13	运营数据分析(运营能力)	0	0	1	1	1	2	2	2	3	3	3	4	4	4	5
	14	市场营销、品牌/公关/推广(运营能力)	0	0	0	0	0	0	1	2	3	3	3	3	3	3	4
	15	渠道管理(运营能力)	0	0	0	0	1	1	1	1	1	2	2	2	3	3	5
	16	市场/用户的调研与分析(客户导向)	1	1	1	2	3	3	3	3	4	4	4	4	5	5	5
组织影响力	17	方法论建设(领导力)	0	0	1	1	1	2	3	3	3	3	4	4	4	4	5
	18	知识传承(领导力)	0	0	1	1	2	2	2	3	3	3	3	3	4	4	5
	19	人才培养(领导力)	0	0	0	1	1	1	2	3	3	3	4	4	4	4	5

图1-19 腾讯产品经理能力模型

- 产品总监
- 产品经理
- 产品助理

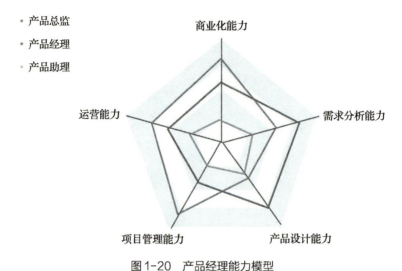

图1-20 产品经理能力模型

2. 业务形态

商业化思维是基于产品的业务形态分析，对商业闭环的整体逻辑思考。在商业活动中，无论是定位战略目标，还是验证商业模式，都要回到商业逻辑本身，即验证商业模式的可行性和商业模式能否走通。

3. 产品变现

商业化策略的核心是价值，关键是实现产品价值最大化。产品价值的本质是产品变现，产品变现已经成为衡量产品经理能力的一项指标。常见的产品变现模式有游戏、金融、电商、广告和增值服务等。

以百度推广的广告变现为例，其凭借强大的产品优势和顶级流量，为客户提供搜索广告和信息流广告服务，并从中收取推广费和服务费。利用广告变现，产品经理需要平衡好用户体验、用户增长和用户留存的关系。毕竟商业化产品涉及一些需要产品经理思考的变现策略，比如比价策略、定价策略、舆情策略等。

1.4.2 需求分析能力

需求分析能力是为了全面认识客观事物，从中发现事物的客观规律，并弄清局部间或局部与整体的联系。简而言之，产品经理要有透过现象看本质的能力。对于产品经理而言，需求分析能力侧重于4个方面：市场调研、竞品分析、用户研究、需求分析。

1. 市场调研

市场调研是对市场的各种因素和行业发展趋势进行现状分析与前景分析，从中发现目标市场的潜在机会。

2. 竞品分析

竞品分析是通过确定分析目的，对比竞品的产品特性，建立竞品分析矩阵，了解竞争对手的战略与意图，从中挖掘可持续优化的产品结论。

3. 用户研究

用户研究是洞察人性，并发现用户痛点，基于用户画像和场景分析，了解用户行为和用户动机。最典型的用户研究分析方式是马斯洛需求层次理论和KANO模型。

4. 需求分析

需求分析是梳理相关部门的业务需求，通过构建用户角色和描述使用场景，进而定义用户问题。直白地说，需求分析是挖掘用户的真实需求。

1.4.3 产品设计能力

产品设计是产品经理入门必备的能力，不是画原型这么简单，而是要具备一定的产品敏感性。对于产品经理而言，这些敏感性主要体现在产品架构设计、功能结构设计、业务流程设计、低保真原型设计等方面。

1. 产品架构设计

产品架构设计是表达业务框架的图。它结合产品整体设计思想，将抽象业务通过设计方式具体化，并构造出合适的产品形态。在设计过程中，产品经理要侧重于框架设计，对产品整体布局和功能规划要有一定的把控。

2. 功能结构设计

功能结构设计是表达功能从属关系的图。它将产品功能模块化、层次化，并通过功能单元的相互关系或从属关系清晰地展示产品逻辑。

3. 业务流程设计

业务流程设计是表达业务逻辑流程化的图。它能清晰地表达业务需求，通过功能模块间的数据和信息流转，传递产品的业务逻辑。

4. 低保真原型设计

低保真原型设计是表达用户需求的线框图。它能合理地定义产品，可用于验证设计概念和思路，并帮助用户表达对产品的期望和要求。

其中，设计最小可行性产品对产品经理的设计能力要求最高。设计最小可行性产品的核心思想是快速试错，减少试错成本，即以最快的速度、最低的成本设计出触达用户的产品。

以我曾经做过的一款共享按摩产品为例，产品业务涉及乘客、司机、商户、业务员4个客户端和一个后台服务端，但公司要求三周完成需求、开发、测试和上线，其中给需求分析和产品设计的时间只有一周，并要完成需求评审和项目计划。

当时我的设计思路就是基于最小可行性产品的要求，只考虑用户需要的最基本功能，即保证扫码按摩和支付订单，其他改善用户体验的功能全部舍弃。我用最短的时间设计了一个简单可用的产品原型，并用它去验证产品是否符合市场预期，收集用户的反馈，并快速进行功能优化和版本迭代。

1.4.4 项目管理能力

项目管理能力是一个称职的管理者应该具备的能力，要判断产品经理是否具有管理能力，可以从以下三个维度分析：需求管理、项目管理、沟通管理。

1. 需求管理

需求管理是对需求池的内容进行需求收集、需求整理、需求分析、需求定义、需求评审、需求跟踪和需求变更。

2. 项目管理

项目管理是在项目实施过程中跟进项目进度、协同内部资源、解决项目问题和完成项目需求，从根本上提高团队工作效率。

3. 沟通管理

沟通管理是为了实现项目目标，科学、合理地组织和管理所有项目中的沟通。实施过程中，产品经理要侧重于有效沟通，保证信息对称，进而获得正确反馈。

1.4.5 运营能力

业内常说产品和运营不分家，产品驱动运营，运营盘活产品。产品运营的三大核心指标是拉新、促活、留存。对产品经理而言，产品运营主要包括用户运营、活动运营和数据运营。

1. 用户运营

用户运营的核心是洞察人性。产品经理只有先对用户有深刻了解，才能挖掘出用户的真实需求。产品经理一方面要优化产品路径，改善产品体验，提高用户活跃度；另一方面要让用户在使用产品的过程中，获得更多的价值，进而提高用户转化率。

2. 活动运营

活动运营是围绕内容和用户进行的，为了达成某一个可量化目标，实现一系列策划。通过设定一些活动激励策略，实现拉新和留存。

3. 数据运营

数据运营是根据业务需要，设定数据指标，对数据埋点进行收集、分析、可视化、汇报和反馈，以便通过数据分析和挖掘潜在规律，驱动产品的优化。

产品经理能力模型是对产品经理进阶提出的能力要求，也是职场选择的硬性考核指标。在产品经理的成长路上，我们要学会从工作、技能、思维三个方面入手，构建正确的产品经理能力模型。

1.5 产品经理职业发展瓶颈

某位运营"产品闭环"公众号的朋友和我讨论了一个令他焦虑的话题——职场中 35 岁的产品经理的发展瓶颈。

- 35 岁的产品经理在职场中还有竞争力吗？
- 35 岁的产品经理什么能力最重要？
- 35 岁的产品经理都去哪里发展了？
- 35 岁的产品经理如何过好职场"下半场"？

针对这个话题，我们不是在贩卖焦虑，而是想让你从整个职场看清自己的定位，知道自己在职业发展中遇到的瓶颈。35 岁其实并不可怕，可怕的是我们被焦虑左右，看不清自己的方向，不知道接下来的产品之路该怎么走，从而影响自己的判断，忽视职业规划的重要性。作为而立之年的产品经理，你是否意识到自己的职业发展瓶颈呢？

35岁常被认为是一个尴尬的年龄：一方面是大部分人已经成家，家庭负担越来越重；另一方面是随着年龄的增长，不似年轻时那样精力充沛，在工作中容易跟不上节奏。

35岁有两道难跨越的坎：一道是跨界发挥我们的工作能力，判断自己能否突破技能边界；另一道是通过跳槽检验我们的工作经验，判断自己能否为新公司创造更多的价值。

迈入"而立之年"的产品经理，最重要的是"认清自己"，在35岁到来之前，先想清楚自己的职业规划。

产品经理的成长是一个不断学习、沟通、理解、掌握并运用的过程。从产品助理、产品经理、产品总监到产品专家，要突破每个阶段职场瓶颈，需要一个从低到高的渗透维度，并不断地进行认知、积累和成长，如图1-21所示。产品经理要做的就是突破技能、业务、管理和商业的瓶颈，形成关键的闭环管理。此外，产品经理的内心要强大，要锻炼闭环管理能力。

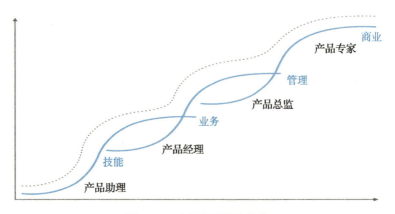

图1-21 产品经理进阶曲线

1. 技能瓶颈

产品助理需要突破技能瓶颈，除了要掌握常用的产品工具外，还要深入理解业务，尝试单独完成整个产品的功能设计，提升产品技能，即完成从"器"到"道"的提升。

2. 业务瓶颈

产品经理需要突破业务瓶颈，深入了解行业，梳理业务流程，进而独当一面，尝试负责多个产品线，跟进项目进度，推动业务向前发展，即完成从"道"到"法"的提升。

3. 管理瓶颈

产品总监需要突破管理瓶颈，对行业和公司要有较深的认知，学会主导产品规划，向上管理团队，横向发展业务和技能，突破产品管理思维，即完成从"法"到"势"的提升。

4. 商业瓶颈

产品专家需要突破商业瓶颈，研究商业模式的可行性，对业务模式进行梳理和优化，为利益相关方快速变现，具备极强的商业思维和战略思维，即完成从"势"到"术"的提升。

都说"合抱之木，生于毫末；九层之台，起于累土；千里之行，始于足下"，这是产品人的成长之道。简单来说，突破35岁时的职业发展瓶颈，即完成从"道"到"术"的提升。

我们选择做产品，渴望"用产品改变世界"，经过多年经验沉淀，形成做产品的方法论。在成长和进阶的路上，产品经理会经历许多困难和考验，有时还会迷茫，时不时担心有一天会被替代。

所以，产品经理要思考自己是否具有不可替代的竞争优势，是否掌握不可复制的商业模式，是否还有持续输出的剩余价值，即产品经理或让自己拥有一技之长，或让自己成为不可或缺，或让自己有可持续输出的价值。

产品经理是一个工作复杂和要求具备多技能的岗位。产品经理在从低到高的渗透过程中，为了实现模块功能，需要学习各种相关技能。但现实中，工作内容和环境因素会导致产品经理技能参差不齐，各有所长。

以大企业的产品经理为例，大部分产品经理负责其中一个产品端或功能模块，虽然可以系统化、标准化的学习知识技能，但无法大胆创新。以中小企业的产品经理为例，他们要负责多个独立项目，可以有效地、多面地学习知识技能，但无法快速提升。

产品经理要找准自己的定位，学会搭建产品知识体系，并形成自己的核心竞争能力。产品知识体系就像一颗洋葱，我们一瓣一瓣拨开之后，就会清楚不同层级的相互关系和工作内容，从中寻找突破点。

在职业规划过程中，产品经理要学会提升自己，尝试突破自我瓶颈。在成长的过程中，产品经理要向一些标杆人物学习，去询问那些对突破自我瓶颈有帮助的人。但最终，产品经理要清楚自己在当前阶段和下一阶段要做的事。

1.6 产品经理面试务必复盘

凡事预则立，不预则废。无论你是刚入门不久的产品助理，还是已经深耕多年的产品专家，当你决定要跳槽的时候，那就尽快做好面试准备吧。

跳槽不是一件简单的事,有人认为产品经理跳槽就是平移岗位,也有人认为是自己职业规划的一个转折点。

作为产品经理,我们面试过别人,也被别人面试过。但当你确定要换一份新工作时,一定要认真对待,马虎不得。

曾经我花了一周多的时间找工作,共13家企业邀约面试:8家面试通过,并拿到入职通知;3家面试被拒;2家没有去复试。其中,给了入职通知的单位包括:4家互联网金融公司、一家研究院、一家证券公司、一家区块链公司和一家智慧教育公司。在此,我把面试过程的一些想法和感悟做一下复盘,如图1-22所示。

图1-22 面试复盘

1. 回顾目标

当时我的目标是在辞职手续办完之前,找到下一份工作,即至少拿到一家公司的Offer。到最后一天办理完交接手续,我拿到了三家公司的Offer,但这些都不是我的最终选择。

在辞职之后的一周内,我又拿到了5家公司的Offer,最终选择了一家金融公司,毕竟自己在这个行业做了很多年,对贷前、贷中和贷后的业务都很熟悉,下一份工作上手快且有竞争优势。

2. 评估结果

在历经多次面试后，我发现很多问题都是开放式的，且都围绕"产品思维"展开，即让我用产品经理的视角审视产品或回答问题，且注重条理性和逻辑性。

面试轮次从以往的两三次，到现在的四五次，有些还有笔试和实操，过程更长，问题更专业。在面试中，对比新公司的要求并反观自己的能力，制作一份优秀的简历，有拿得出手的项目很重要。

3. 分析原因

面试经验积累很重要的一个环节就是自查，即从自身找原因。学会分析原因，才能避免在同样的问题上犯两次错。

面试常问的问题：你平时的工作流程是什么？遇到不可沟通的人该怎么办？什么是好的产品？你体验了我们的产品后有什么建议？为什么选择我们公司？为何从上家公司离职？

无论什么问题，面试时要摆正自己的心态，知道当前最该做什么；面试后要分析自身的问题，找到问题的核心所在。

4. 总结经验

面试是产品经理成长的必经之路。面试前，面试者要对应聘公司做背景调查，了解公司的业务情况和招聘需求；面试中，根据面试官提出的问题，结合自己的工作背景，切入主题回答；面试后，总结面试过程表现不好或能力欠缺的方面，并加以改正。

在面试中介绍项目经验时，建议尽量用"STAR 法则"重点概括，如图 1-23 所示。"STAR 法则"中的 S 是 Situation，指事情是在什么背景下发生的；T 是 Task，指如何明确任务；A 是 Action，指采取了什么行动方式；R 是 Result，指最后的结果怎样。

图 1-23　STAR 法则

产品经理面试的趋势是更专业化，不会再像过去那样画画原型、写写文档就可以。初级产品经理与资深产品经理的差距是产品之外的实力，比如产品思维、问题沟通、资源协调、项目管理等。我们要学会搭建一套自己的产品知识体系，并建立产品价值评估模型。

入行产品经理需要不断成长，面试产品经理需要不断反思。如果说入行产品经理是围绕目标用户（给什么人用，解决什么问题）、解决方案（如何解决问题）、产品变现（如何变现、实现商业价值），那么面试产品经理就是围绕简历筛选（挑选有价值的人才）、初试复试（发现求职者的价值）、确认录用（可以持续挖掘价值）等。

产品经理很多，好的产品经理不多，优秀的产品经理更稀缺，"稀缺价值"才是产品经理的核心竞争力。总而言之，面试可以让产品经理成长，复盘可以让产品经理进步。

1.7　七面！面试某研究院产品负责人

某研究院产品负责人岗位的面试给我留下深刻印象，从上午 10

点到下午 6 点半，整个面试过程经历了七面才结束。在此，我分别讲一下每一次面试的内容，一是当作自己的一次面试复盘，二是给做产品的朋友一次面试参考。

1.HR 面试 & 群面

首先，做自我介绍并叙述基本的工作经验；其次，告知为什么从上一家公司离职；接着，了解我对产品负责人的求职意向；最后，HR 简要介绍其公司的相关发展情况。

HR 面试完后，迎来群面，这是我求职生涯的第二次群面。群面是头脑风暴式的讨论面试，一般在大企业、外企或国企会遇到这种面试形式。此次群面将 6 人分成一小组，设定了某些话题进行场景分析，让我们结合自身的产品经验，讨论并发表看法。

2. 笔试 & 实操

笔试 30 分钟考核 8 道题，题型包括逻辑题、图表分析题、项目管理题与产品思维题。其中，有两道题目很有意思。

1）在深圳的众多人中，你有多大概率让她成为你的女朋友？

2）朋友圈查看范围是最近三天、最近一个月、最近半年和全部，若让你删除其中一个，你会删除哪个？

以问题 1 为例做一下解读：这是数量估算的费米问题，主要考察产品经理的逻辑思维和数据分析能力。我们可以进行科学的假设，严密的推理，把问题分解成若干个你能回答的问题，从中得出比较接近的答案。

我的回答是：第一步：确定男、女性别，女性占比 50%；第二步：确定已婚、离异、未婚的比例，单身的女性占 30%；第三步：确定在 18～38 岁之间，适婚年龄的女性占比 20%；第四步：综合家庭、学历、年龄、收入、房、车、养老、外债、性格、魅力等因素，有交往意愿的女性占比 10%。综合可知，性别女性 50%× 符合单身 30%× 适婚年龄 20%× 交往意愿 10%= 0.3%，故我有 0.3% 概率让她成为我的女朋友。

实操 90 分钟，让面试者在了解公司的商业模式和产品痛点后，给出解决方案和产品规划。

3. 产品经理面试

这次面试由一个有三年左右经验的产品经理主持，主要针对专业技能与工作经验进行面试，一是询问我贷前和贷后业务，二是让我结合公司业务提出建议。面试问题比较基础，但要求思路清晰、业务逻辑强。面试主要问题如下。

1）你认为做中、后台产品的难点在哪里？

2）如何让产品需求快速落地？

3）你印象最深刻的是什么项目？针对什么群体？解决了什么问题？

4）如何制定贷前风控反欺诈和贷后催收策略？

以问题 2 为例做一下解读：主要考核产品经理的逻辑思维、需求分析、产品感。任何产品需求，分析到最后都是洞察人性。回答的过程中，我们可从业务的角度切入，挖掘用户需求，分析用户行为，验证需求假设，快速需求迭代。

我的回答是：需求落地最重要的一点是让需求来源、需求收集、需求分类、需求排序、需求分析、需求评审、需求变更等形成需求管理的闭环流程。从发现需求、描述需求、分析需求三个方面着手，借助头脑风暴、用户访谈、问卷调查、评审会议、满意度调查、用户行为分析、可用性测试等手段，验证目标用户的真实需求；也可通过场景化故事与用户画像等，对需求进行定性和定量分析，产出合理的需求解决方案，并对需求文档进行跟踪，以便实时了解需求进度。

4. 产品总监面试

经历前三轮面试，6个人只剩我和另外一个小伙伴。这是典型的面试淘汰制，优先选择更符合当前岗位需求的人。

产品总监面试并没有考核具体的产品技能，更多是围绕我的以往经验，谈了一些工作流程、产品思维、产品策略、团队管理、产品规划及产品方案等方面的问题。重点问题如下：

1）你平时的工作流程是什么样子的？

2）你对我们公司的产品了解吗，说说你的看法？

3）你的职业规划是什么？

以问题3为例做一下解读：主要考察面试者的规划能力及稳定性。一是了解你的个人规划和公司的战略规划是否一致；二是了解你做事是否有规划，定位是否清晰。

我的回答是：当前大环境整体稳定性不好，我从时间和业务两个维度回答一下近3到5年的规划。从时间维度考虑，3年上升到产品总监的高度，5年达到产品专家的水平，在职业发展过程中，继续锻炼自己，沉淀产品经验。从业务维度考虑，深耕业务，继续提升自己产品能力，并走产品管理层，带领团队做出一些有价值的、市场认可、用户认可的产品，为公司创造价值。

5. 运营总监面试

运营总监面试的内容偏产品运营，主要围绕拉新、促活、留存、复购等角度，谈如何延长用户生命周期，提高用户黏性，优化引流渠道，制定推广方案，分析各经营指标，提出改进方案。

6. 总经理面试

总经理面试其实是一个高层决定的过程。刚开口，总经理说了一段纯正的英文，我也用英文做了自我介绍及工作经验介绍。

紧接着问了几个比较专业的问题，我也以专业的态度回答，这关乎面试的成败。最后就是面试者提问环节，总经理也给我解答了一些产品上的一些困惑，并问了我今后的职业规划。

7. 智力测试 &HR 二面

"过五关，斩六将"，来到面试的最后一个环节，智力测试 10 分钟考核 50 道题，测试结果显示我偏向实干型。

之后 HR 面谈薪资和福利，了解我之前的薪资构成、职称级别、离职原因。HR 面谈完后，整个面试流程也就结束了。

这次面试经历感觉像打通了任督二脉，我也在三天后收到了这家研究院的入职通知。

1.8 B 端产品经理的方法论

B 端产品是面向企业用户提供商业服务，或实现商业目的而设计的系统。B 端系统具有研发周期长、功能模块多、目标用户少、业务逻辑复杂、轻产品体验和需求定制化的特点。

常见的B端业务系统包括：客户关系管理系统（CRM）、内容管理系统（CMS）、企业资源计划系统（ERP）、订单管理系统（OMS）、仓库管理系统（WMS）、物流管理系统（TMS）、办公自动化系统（OA）、软件即服务系统（Saas）等，如图1-24所示。行业里比较有名的B端产品有阿里云、百度云、钉钉、企业微信、金蝶云、Oracle、有赞、小鹅通、Trello等。

图1-24　B端业务系统

随着产业互联网的兴起，B端产品进入互联网的下半场，未来发展潜力巨大。同时，B端产品经理的价值逐渐凸显，他们将在业务运营和市场活动过程中发挥降本增效的作用。

作为B端产品经理，尤其是从C端转岗到B端的产品经理，他们必须具有丰富的行业经验和超强的业务逻辑能力。B端产品经理和C端产品经理的区别主要体现在业务梳理、产品设计、产品管理和运营策略方面，如图1-25所示。

1.8.1　B端业务梳理

B端产品是为了解决业务问题而设计的，重点是满足核心业务，融合周边业务。作为B端产品经理，一定要非常懂业务。B端业务模式由产品变现转向定制付费，只有足够了解业务模式，才能把B端产品做好，并推动整个B端生态体系的搭建。

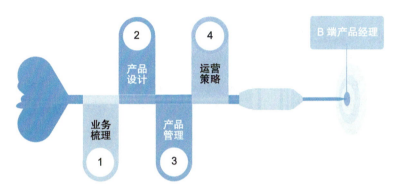

图1-25　B端产品经理能力

梳理业务是为了更好地验证产品的可行性，从而全面指导业务增长。梳理B端业务的方法包括：市场调研、需求分析、流程设计、UML建模、产品蓝图、用户体验地图与数据分析等。

此外，我们可以从梳理产品逻辑、分析业务流程、拆分功能结构、管理角色权限及需求方沟通等方面着手，用同理心接触市场和了解用户。B端产品关联度较大，不是单个用户需求的拓展，而是群体客户关系的耦合，需要从群体中了解实际业务的操作流和数据流，才能了解产品背后的底层逻辑。

1.8.2　B端产品设计

B端产品属于复杂的业务系统，是从C端的核心功能衍生为B端的主要功能，且功能涉及多个系统，数据更庞大，模块更繁多，逻辑更复杂。直白地说，B 端产品设计就是深度挖掘 B 端产品的"道"与"术"。

做好 B 端产品设计，关键在于产品架构设计。产品架构有助于明确产品子系统、倒推商业模式、划分功能模块、拆分任务需求，可以作为产品设计的指导性框架。我一般在分析业务架构后设计产品架构，以汽配商城产品架构为例，如图 1-26 所示。

B 端业务系统涉及产品定位、产品架构、核心流程、功能模块、业务建模、权限管理、数据流转等问题。在产品设计过程中，产品经理不仅要为当前的需求设计模块化组件，还要考虑该组件对定制需求的可扩展性。

1.8.3　B 端产品管理

B 端产品管理要在产品规划、需求管理、项目管理等方面将 C 端没有形成体系化的产品知识进行整合并打通，形成一套产品经营和管理的方法论。B 端产品管理的宗旨是在发现问题和提出解决方案的过程中重视系统管理和运营效率。

1. 产品规划

产品规划的本质是明确什么问题有价值以及用什么产品方案来解决。工作中，产品经理一般会从产品战略、产品定位、用户目标、部门业务等方面做 B 端产品规划，并输出产品规划路线图。B 端产品规划周期较长，产品经理要对需求进行合理排期，并完成各阶段的迭代计划，以便满足用户的需求，从而保持产品的核心竞争力。

第1章 产品之"道"

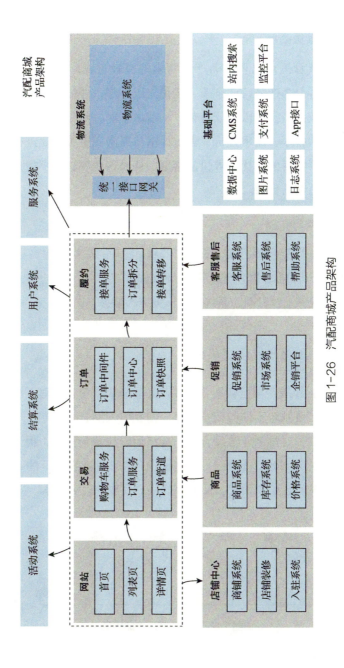

图1-26 汽配商城产品架构

2. 需求管理

需求管理可以理解为产品需求的流转过程，即将需求池中的需求拆分为产品待办事项，按优先级排序，评估人力安排，计划发布节点，按阶段完成目标。从需求来源、需求收集、需求分类、需求排序、需求分析、需求评审与需求变更等方面进行需求管理，根本目的是让需求快速落地，从而达到解决用户痛点并帮助公司盈利的目的。

3. 项目管理

B端产品经理除了要掌握做C端项目管理的基本技能外，还得学会抓住公司目标、拆分产品目标、降低试错成本、全面推进业务。此外，在确保上线时间、系统质量不失控的前提下，按期交付产品。

1.8.4　B端产品运营策略

对于B端产品运营而言，在产品生命周期中，面对不同阶段的问题，要制定不同的运营策略，即在引入期、成长期、成熟期与衰退期，通过制定激励方案，加速用户拉新与转化，提升用户对产品的认可度，如图1-27所示。B端产品运营的目的是通过数据驱动实现用户增长，从而降低用户获取的边际成本。

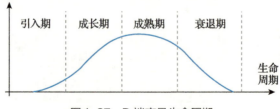

图1-27　B端产品生命周期

以汽配商城为例，它是一款围绕配件厂商、汽修门店与个人车主三大群体定制的 F2B 产品，如图 1-28 所示。汽配商城通过梳理产品的使用场景，整合市场渠道资源，提出可行性的解决方案，完成拉新与转化用户，从而实现汽车后市场的闭环运营。

图 1-28　汽配商城

1. 引入期

打造最小可行性 B 端产品，通过最小可行性产品验证市场商业化的可行性，根据市场反馈调整运营策略，从中获取种子用户并建立品牌。加强渠道资源建设，诚邀配件厂和汽修店入驻汽配商城，线上线下结合推广，大规模拓展平台的营销渠道。

2. 成长期

深度连接汽车后市场产业上下游的资源、线上平台为线下导流、线下场景向线上转化的方式，围绕获客、订单、采购与物流，帮助配件厂和汽修店建立运营体系，共同服务好个人车主。做好数据的精细化运营，实现信息流、现金流、货物流、业务流的生态闭环，为赋能对象解决真实的痛点，从而实现整个产业链的降本增效。

3. 成熟期

随着产品营收和用户群体的稳定增长，产品的功能增多、业务增加、策略更细，需要重构用户运营体系。产品经理要重新梳理产品的商业变现通路和用户价值成长路径，基于用户反馈和产品规划，整理差异化的运营策略，并制定针对性的优化方案。

4. 衰退期

面对B端产品的各项数据指标逐渐下降，市场竞争激烈，产品经理需要击破运营决策链中的关键环节。例如，汽配商城可以通过缩短业务之间的流通环节，提高供应链的周转效率，延长产品生命周期；也可以通过开源节流的方式应对衰退，寻找新的增长点，实现业务转移，并加快B端产品转型升级的步伐。

由于B端产品的行业特殊性，导致很多从C端转岗B端的产品经理在做B端产品的过程中会走很多弯路。作为一名B端产品经理，专业性、逻辑性与业务能力是核心竞争力，我们要在抓业务、强逻辑、重管理、精数据等方面形成做B端产品的方法论。

第 2 章 CHAPTER 2
产品之"器"

设计一款好的产品,过程是复杂且细致的,产品经理要有清晰的产品闭环逻辑,要会表达产品逻辑、画原型、设计流程、分析需求、制作规范、管理项目等,这些小闭环都需要运用适合的工具来完成。所谓产品之"器",就是产品经理在实践中会用到的一些实用工具和会碰到的一些问题。

2.1 产品入门常用工具清单

入门产品岗时往往需要掌握一些基本工具，但不要沉迷于此，因为工具只能辅助提高工作效率。对于工具的使用，我一直强调宁缺毋滥、精益求精，要根据工作需要选择合适的工具。

当成为产品经理后，我们需要对产品进行分析、设计、管理和运营等，为了把产品各方面做好，常会使用一些辅助工具。比如原型制作工具、流程设计工具、思维导图工具、数据分析工具、项目管理工具、文档协作工具等。

2.1.1 原型制作工具

1. Axure RP

Axure RP 用于创建应用软件和基于 Web 的流程图、原型页面、交互页面与规格说明文档。Axure RP 的界面如图 2-1 所示。

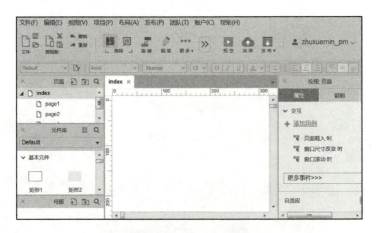

图 2-1　Axure RP 界面

作为一款专业的原型设计工具,Axure RP 能快速、高效地创建原型,同时支持团队协作设计和版本控制管理。此外,它能够用于撰写和输出规范的业务需求 PRD 文档以及了解产品生命周期全流程。

2. Mockplus

Mockplus(摹客)是简单快捷的产品设计协作平台,为产品团队提供了全新的设计解决方案。Mockplus 的界面如图 2-2 所示。

图 2-2　Mockplus 界面

作为一款简洁高效的原型图设计工具,摹客封装的组件可实现交互,且交互设计可视化;同时支持快速原型设计、高效设计协同、设计规范管理,能够很好地表达产品设计概念、理念和基本布局。

3. MockingBot

MockingBot(墨刀)用来设计 App 产品原型,上手简单,制作快速,浏览文件比较方便。MockingBot 的界面如图 2-3 所示。

图 2-3　MockingBot 界面

作为一款在线原型设计与协同工具，MockingBot 能够让产品团队快速高效地完成产品原型和交互设计，同时支持实时预览、多人协作。无论是收集产品反馈，还是样片展示，或是团队协作、项目管理，MockingBot 都可以高效地实现。

4. PENCIL

利用 PENCIL 能够快速地把界面原型画出来，方便与客户沟通需求，特别好用，如图 2-4 所示。

图 2-4　PENCIL 界面

作为一款免费且开源的 GUI 原型设计工具,PENCIL 可以用来绘制各种架构图和流程图,内置多种原型设计模版、多页背景文档、跨页超链接、富文本编辑器等,可导出 HTML、PNG、Org、Word、PDF 等格式的文件。

2.1.2 流程设计工具

1. Visio

Visio 用来完成各类流程图、结构图和网络图的制作,内置很多的组件库,能快速地把业务流程、系统实现流程绘制出来。Visio 界面如图 2-5 所示。

图 2-5　Visio 界面

作为一款便于 IT 和商务人员就复杂信息、系统和流程进行可视化处理、分析和交流的软件,Visio 可以促进用户对系统和流程的深入了解，用户可以利用挖掘出的复杂信息更好地做业务决策。

2. Process On

Process On 提供基于云服务的免费流程梳理、创作协作工具，可以实现与同事和客户协同设计，实时创建和编辑文件，可以实现更改的及时合并与同步更新。Process On 界面如图 2-6 所示。

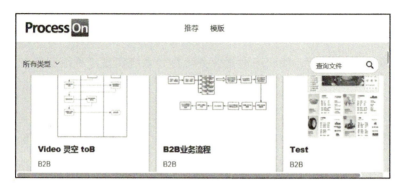

图 2-6　Process On 界面

作为一个在线协作绘图平台，Process On 可为用户提供非常强大、易用的作图工具，支持在线创作流程图、思维导图、结构图、UML 图等多种类型的图，支持把制作好的图形按照自己所需的文件格式进行导出。

2.1.3　思维导图工具

1. MindManager

MindManager 能够帮助你将想法和灵感以清晰的思维导图形式

记录下来，这对产品经理梳理产品规划非常有帮助。MindManager界面如图 2-7 所示。

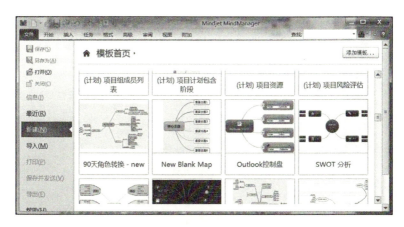

图 2-7　MindManager 界面

作为一款思维导图软件，MindManager 运用图文并重的方式，把各级主题关系用隶属与相关的层级图表现出来，将主题关键词与图像、颜色等建立记忆链接，帮助用户组织项目，即从项目各分支分配任务给不同的人，从而保证项目成功。

2. XMind

XMind 软件不仅可以绘制思维导图、鱼骨图、二维图、树形图、逻辑图和组织结构图，而且可以很方便地在这些展示形式之间进行转换。XMind 界面如图 2-8 所示。

作为一款商业思维导图软件，XMind 能协助用户快速捕捉创意与灵感，通过直观、友好的图形化操作界面，将思想、策略及商务信息转化为行动蓝图，全面提升企业办公效率。

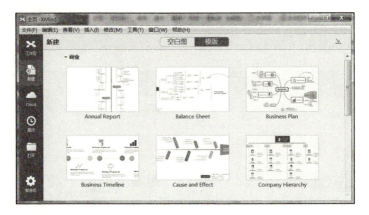

图 2-8　XMind 界面

2.1.4　数据分析工具

1. GrowingIO

GrowingIO 软件依托于快速部署无埋点技术，实时采集全量行为数据，通过搭建完整的数据监控体系，高效管控核心业务指标，帮助企业用数据驱动业务增长，挖掘更多的商业价值。GrowingIO 界面如图 2-9 所示。

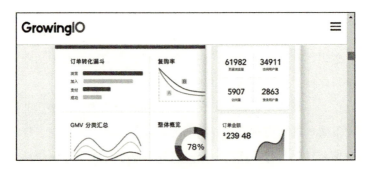

图 2-9　GrowingIO 界面

作为一款基于用户行为的数据分析软件，GrowingIO 提供全球领先的数据采集和分析技术。企业无须在网站或 App 中埋点，即可获取全面、实时的用户行为数据，以优化产品体验，实现精益化运营，用数据驱动用户和营收的增长。

2. 百度指数

百度指数（Baidu Index）用于研究关键词变化趋势、洞察用户需求变化、监测媒体舆情趋势、挖掘数字消费者特征，也可以用于从行业视角分析市场特点、洞悉用户表现。百度指数界面如图 2-10 所示。

图 2-10　百度指数界面

作为一个以百度海量用户行为数据为基础的数据分享平台，百度指数可统计某个关键词在百度的用户搜索规模，一段时间内的起伏态势，以及关注搜索该关键词的用户特征、分布，同时搜索了哪些相关词，帮助产品经理优化数字营销活动方案。

3. 酷传

酷传提供了方便快速的免费上传软件服务，可一键将软件发布到几十家应用商店,自动区分渠道包,快捷查询渠道数据,一站监控某软件在多家主流应用商店的下载量、排名、评分、评论等数据。酷传界面如图 2-11 所示。

作为国内最大的软件发布与监控平台,酷传致力于通过大数据和技术手段为企业解决手机端获客问题,为国内开发者提供专业的移动应用分发工具、实用组件以及平台式推广服务,积极地帮助开发者推广产品。目前,酷传平台有应用发布、应用监控和酷传推广手册三个产品。

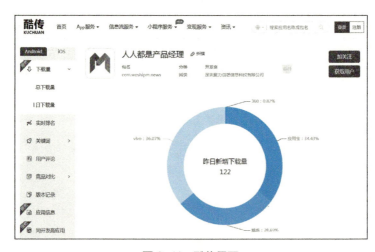

图 2-11　酷传界面

2.1.5　项目管理工具

1. ScrumWorks Pro

ScrumWorks Pro 在版本迭代或敏捷开发中能够帮助团队管理 Scrum 项目,跟踪每次迭代与整个版本发布的过程。ScrumWorks

Pro 界面如图 2-12 所示。

作为一款敏捷项目管理工具，ScrumWorks Pro 提供了 PC 客户端和 Web 客户端。其中 PC 客户端具有 Scrum 的全部特性，而 Web 客户端只提供 Spring 框架的视图，用于更新任务状态和任务估算。

图 2-12　ScrumWorks Pro 界面

2. Worktile

Worktile 致力于提高企业员工工作效率，加强团队成员间的协作与沟通，进而提升企业核心竞争力。Worktile 界面如图 2-13 所示。

图 2-13　Worktile 界面

| 产品闭环 |

作为一款团队协作的项目管理工具，Worktile 以项目应用为核心，连接即时通信、日历、网盘、审批、简报等应用，打通企业内部所有的沟通渠道，简化工作流程，提高企业整体工作效率。

3. TAPD

TAPD 平台贯穿敏捷产品研发全生命周期，提供敏捷协作解决方案，满足不同的客户场景需求。TAPD 界面如图 2-14 所示。

图 2-14　TAPD 界面

作为一个敏捷产品研发协作平台，TAPD 提供看板、在线文档、敏捷需求规划、迭代计划和跟踪、任务工时管理、缺陷跟踪管理、测试计划和用例、持续集成、持续交付和部署等可配置功能，帮助团队可视化工作进展、沉淀分享项目知识，提升团队协作效率。

2.1.6　文档协作工具

1. 石墨文档

石墨文档用于撰写产品需求文档、整理用户反馈、更新和修复漏洞、新功能实现情况等，还可用于与团队在线协作。石墨文档界面如图 2-15 所示。

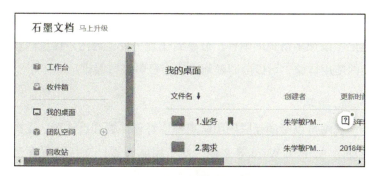

图 2-15　石墨文档界面

作为一款在线协作文档工具，石墨文档支持多人同时对文档进行编辑和评论，让你与他人能够轻松完成协作撰稿、方案讨论、会议记录和资料共享等。

2. 有道云笔记

有道云笔记可进行光学字符识别（OCR），多端同步，解决个人资料和信息跨平台、跨地点的管理问题，管理高效、便捷。有道云笔记界面如图 2-16 所示。

图 2-16　有道云笔记界面

作为一款云笔记软件,有道云笔记操作简单,可以自动同步笔记、添加多格式的附件、分享到任意平台,为用户提供高效便捷的使用体验,可以随时随地对线上资料进行编辑。

3. 蓝湖

蓝湖可以帮助互联网团队更好地管理文档和设计图,支持在线展示 Axure、Word 等文档,便于团队查看;支持按页面逻辑连线,平铺表达更清晰。蓝湖界面如图 2-17 所示。

图 2-17 蓝湖界面

作为一个产品文档和设计图的共享平台,蓝湖让产品经理表达需求更轻松,设计师交付设计图更快,工程师编程省心、省力、高效,实现无缝连接产品、设计、研发流程,降低沟通成本,缩短开发周期,提高工作效率。

2.2 UML 建模更好地表达产品逻辑

UML(Unified Modeling Language,统一建模语言)是一种

在软件设计时提供给分析师、设计师和工程师的通用语言。

从图 2-18 可以看到,UML 建模在需求分析及整个产品生命周期中起着重要的作用。一是有助于捕获系统结构或行为;二是有助于定义软件构架,保持设计和实现的一致性;三是有助于管理业务,方便团队沟通。

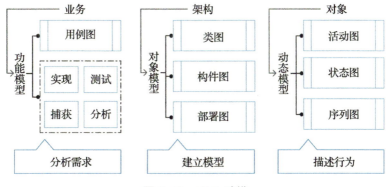

图 2-18 UML 建模

UML 不仅支持面向对象的分析与设计,还支持产品从 0 到 1 的研发全过程。比如借助 UML 与用户进行需求沟通,或指导程序员进行软件开发。UML 被应用到面向对象的问题解决上,但面向对象最关键的是建模。建模是把许多复杂业务的重要细节进行抽象。

UML 建模分为结构图和行为图。结构图是静态的,用于描绘结构元素构成的系统或函数,显示结构或运行时体系结构的静态关系,比如类图、对象图、构件图、部署图。行为图是动态的,用于描绘一个系统或业务过程的行为特征,显示动态模型的视图,比如活动图、状态图、序列图、用例图。每种图形都是从需求或设计的不同层面描述模型,通过模型描述系统的类、对象、关联、协作及状态等。

产品经理可以通过图形化的方式，从各个角度了解产品，以便更好地表达思想，同时顺畅交流。UML建模常用的工具有：ProcessOn、Enterprise Architect、Visio、StarUML、OmniGraffle和ArgoUML。UML建模常见的模型包括：业务模型、需求模型、设计模型、实现模型和数据库模型。

UML建模的重点在于如何运用UML管理好一个产品。UML建模适用于不同的设计场景，可从不同的角度诠释产品。因为本节侧重从产品经理的角度谈UML建模，所以下面我们只介绍用例图、状态图、活动图、时序图与类图。

2.2.1 用例图

用例图用于从外部观察者的角度描述系统的作用。它描述了系统的功能要求，强调从用户自身分析其功能范围，但不关心具体的功能实现。用例图组件如图2-19所示。

- 参与者就是与应用程序或系统进行交互的用户或系统。
- 用例就是外部可见的系统功能，对系统提供的服务进行描述。
- 子系统用来展示系统的一部分功能，这部分功能联系紧密。

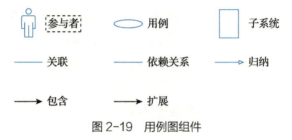

图2-19 用例图组件

以某共享出行商户端的用例图为例,如图 2-20 所示。在设计用例时,一般是从用户角度描述系统功能,并指向各功能的操作者。比如该共享出行商户端主要设计的功能有登录平台、查看收益、提现收益、查看设备与发放设备。我们可以用一种可视化的方式设计系统的功能需求,不过本质还是扩展功能的增、删、改、查。

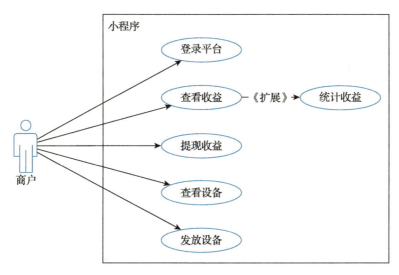

图 2-20　某共享出行商户端用例图

2.2.2　状态图

状态图由状态、转换、事件和活动组成,用于描述对象所有可能的状态以及事件发生转换的条件。状态图组件如图 2-21 所示。状态图一般由多个状态、行为随外界环境改变而改变的类组成,根本上还是阐明各个状态及行为在产品生命周期发生的时间和作用对象将满足哪些条件、执行哪些活动或等待哪些事件。

图 2-21 状态图组件

- 描述发生时间和对象的复杂行为，模拟系统的动态环节。
- 在进入和退出状态时所执行的相关操作，识别各个状态。
- 分析状态发生变更的情况下，所满足的转换条件。

以某共享按摩产品的状态图为例，图 2-22 所示为客户完成扫码后，按摩订单对象生成期间的状态转换事件，以及因状态转换而伴随的动作。从扫码按摩状态的待支付、已完成、已退款到交易关闭是一个完整的业务闭环。在实际应用中，并不是所有的类都需要画状态图，三个及以上状态且在不同状态下行为有所不同的类才需要画状态图。

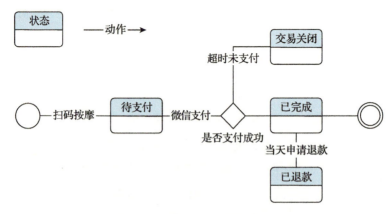

图 2-22 某共享按摩产品状态图

2.2.3 活动图

活动图是一种表述业务过程和工作流的流程图，直白地说，就是使工作流和业务过程可视化的图。活动图组件如图2-23所示。它描述活动的顺序，展现从一个活动到另一个活动的控制流，有利于识别并行活动，能够快速分析业务流程、理解系统功能、挖掘潜在的业务需求。

图2-23 活动图组件

- 动作状态是不可中断的，在一个动作完成后，就会转向另一个动作。
- 动作流是动作间的转换过程，描述活动间的约束关系，且识别并行活动。
- 节点主要有开始节点、终止节点、分叉节点与合并节点，本质上是对流程的约束。

以某跨境电商商品结算为例，如图2-24所示，商品结算活动图是查看商品、购买商品、结算商品流程的转换，其实就是从行为动作上描述具体业务与工作流程，以及各项业务之间的约束关系。

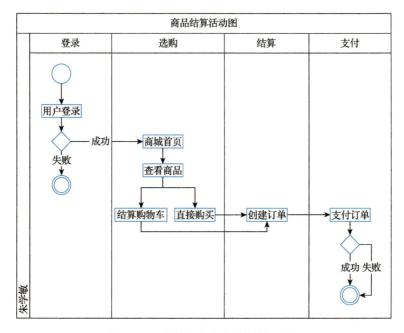

图 2-24 某跨境电商商品结算活动图

2.2.4 时序图

时序图是一种强调时间顺序的交互图,通过描述对象间的请求和响应消息的时间顺序,显示多个对象之间的动态协作。时序图组件如图 2-25 所示。时序图具备时间顺序的概念,提供了控制流随着时间推移的可视化轨迹,从而可以清晰地表示对象在某一个时刻的动态行为。

- ❏ 生命线由一条垂直的虚线表示,是从对象底部延伸出来的,表示对象存在的时间。

❑ 控制焦点是表示时间段的符号，在该时间段内，对象可执行相应的操作。
❑ 消息显示由箭头表示。消息可以完成传输，可以是同步的、异步的请求或响应。

图 2-25 时序图组件

以某车生活平台的用券服务时序图为例，如图 2-26 所示，车主通过服务券可以进行线上预约。门店确认预约订单后，车主可以凭券码到门店享受服务。时序图描述车主预约中参与交互的所有对象之间消息传递的时间顺序，可以清晰地梳理业务流程及对象关系，保证产品需求的准确性和可实现性。

2.2.5 类图

类图是一种静态模型，通过显示系统的类以及类之间的关系来表示系统。类图组件如图 2-27 所示。类图可以展现软件系统中的类、接口以及它们之间的架构。类之间的关系主要有泛化、实现、关联、聚合、组合与依赖。

| 产品闭环 |

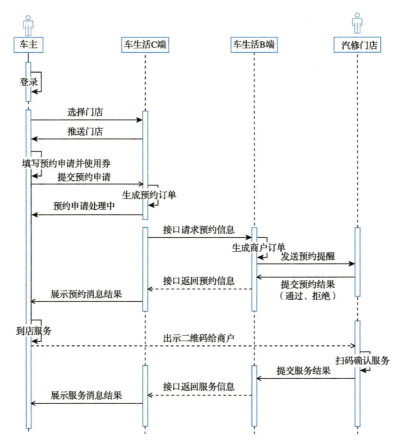

图 2-26 某车生活平台的用券服务时序图

- 类是对象类型的表现形式,反映对象在系统内的结构和行为。
- 接口是实施者或参与者需要满足的行为规范,描述系统执行的功能。
- 包是一个命名空间,也是一个元素,描述系统各元素间的协作。

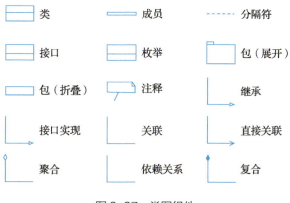

图 2-27 类图组件

以某共享出行系统的类图为例,如图 2-28 所示,我们可以直观地看出公司、司机、车辆、设备、业务员之间的对应关系。比如一个公司对应多辆车,一辆车又对应多个按摩设备,厘清它们之间的结构关系,就可以快速了解业务逻辑并完成类图结构设计。

UML 建模在整个软件开发过程中解决了"一盘散沙"的问题,在国内许多领域得到了应用。作为产品经理,学习 UML 建模必须从模型的搭建开始,一步一个脚印将 UML 建模应用于实际产品中,只有不断锻练自己,才能学有所成。

对 UML 建模的各种图形有所了解后,就可以全面、深入地从各个角度表达产品,让表达变得更丰富、形象。对于产品经理而言,掌握 UML 建模有助于梳理业务流程和传达产品需求。我们不仅要深挖前端业务流程,还要理解看不见的后端实现逻辑。

在很多产品的版本迭代阶段,产品经理很容易忽视产品的隐藏特性,对产品的核心功能无法深挖或理解,导致实施过程中还在讨论需求或变更需求，或产品上线后功能不符合需求。这些情况发生的主要原因是缺少对后端整体功能的统筹与把控。

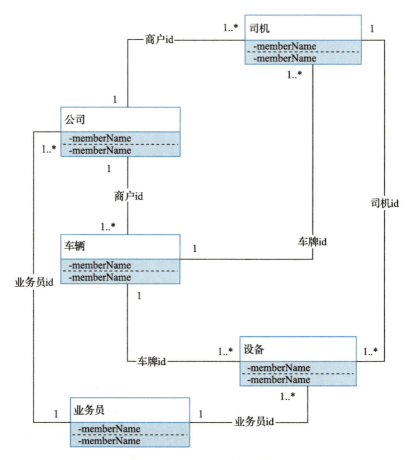

图 2-28 某共享出行系统类图

UML 的出现让产品经理拥有了一套与技术人员沟通的共同语言，使工作中的需求对称变得更顺畅。

2.3 Axure 移动端原型设计规范

设计规范是画原型过程中一个很重要的步骤。在用 Axure 软件绘制原型的过程中,为了保证产品设计风格的一致性和统一性,并提高产品团队的设计效率,产品经理通常会整理一套统一的原型设计规范。

设计规范包括拟制通用元件库、通用交互、通用业务规则等,以及遵循的设计规则。设计规则包括一致性原则、模块化原则、排版合理原则、定义清晰原则、描述准确原则。设计规范的宗旨要符合用户的使用习惯,反映用户的心理模型,使内容形式符合场景,简化用户操作流程,以便及时、有效地反馈信息。

对于移动端原型设计,本节针对比较常用的组件:窗体、导航、字体、弹窗等进行全局规范说明。

2.3.1 窗体规范

画原型的第一步是确认主页面的布局样式,这对原型设计很重要。在原型设计过程中,一般选择 375px×667px 进行窗体设计。

结合图 2-29 可知,移动端主页包括状态栏、导航栏、内容区域、主菜单栏区域。其中,状态栏高度为 20px,导航栏高度为 44px,内容区域高度为自适应,主菜单栏高度为 50px。

2.3.2 导航规范

导航是移动端产品信息展现的入口,可以突出功能的优先级，并引导用户进行相关操作，即可以突出主要功能，隐藏次要功能，使得主要功能可见性高、易于操作。

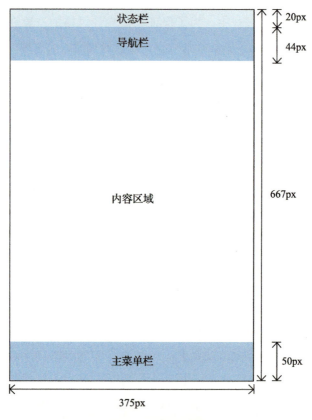

图 2-29　窗体规范

　　导航包括三种设计形式：文字、图标以及文字加图标。常见的导航包括：顶部导航、侧边抽屉导航、底部导航、分页器导航、分段控制器导航等。部分导航规范如图 2-30 所示。

图 2-30　部分导航规范

2.3.3　字体规范

字体设计对产品经理的要求很高，尤其是规范字体、字号、字间距、行间距、字对齐等使用场景。字体默认选择中文宋体、英文 Arial。

根据字体的使用场景不同，产品经理一般会将字体分为标题、阅读文字、注释三大表现形式。此外，可通过对字体粗细、字体阴影和颜色进行操作，突出字体并提高可阅读性。

结合图 2-31 可知，字体一般统一为：主标题颜色 #666，字号 18px；次标题颜色 #666，字号 16px；小标题颜色 #666，字号 14px；正文颜色 #666，字号 14px；正文颜色 #666，字号 12px；辅助文字颜色 #999，字号 12px。

图 2-31　字体规范

2.3.4　颜色规范

为了保证产品视觉的统一性，产品经理通常会制定颜色规范。颜色可以实现不同页面与功能点的信息呈现和视觉呈现。颜色一般分为主色调和辅助色，如图 2-32 所示。所有元件和通用组件都可以用颜色来规范使用场景。

主色调可以表现重要的信息，突出视觉传达的效果，增加产品的辨识度，影响用户对当前产品的整体印象。主色调一般应用于 Logo、导航栏、页签、标签、按钮、图标等。辅助色可以协助表达主色调，帮助主色调建立更完整的形象，减小用户对于主色调的视觉疲劳。辅助色一般应用于文字、背景、表单、提示、分割线等。

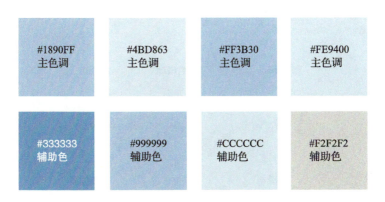

图 2-32　颜色规范

在设计原型时会定义颜色规范，我一般只用不同深浅度的灰、黑、白线设计框图，将更多的精力用于设计页面整体布局和功能实现效果。对于产品视觉设计和交互设计的细节，我会让 UI 或 UX 负责人进行完善。

2.3.5　手势规范

手势操作影响移动产品的用户体验。大多数基于手势操作的界面设计，都符合用户的操作习惯。比如：下拉刷新数据、上拉加载页面等标准手势规范。

在手势规范设定的过程中，对于用户的每一个操作、每一个页面切换，我们都要关注手势操作流与用户注意流，尽量减少给用户带来的不确定因素。常见的手势规范包括：左滑动、左右滑动、右滑动、上滑动、点击、下滑动，如图 2-33 所示。

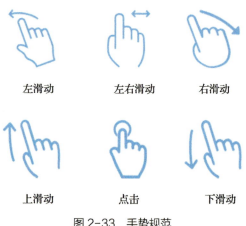

图 2-33　手势规范

2.3.6　按钮规范

按钮可以提升产品整体的导航能力，引导用户进行相关操作；也可以拓展页面的功能，使应用的操作性更便捷、适用性更强。

按钮是原型设计中最常用的一个元件。按状态划分，按钮可分为：成功按钮、警告按钮、错误按钮、默认按钮、禁用按钮，如图 2-34 所示。在设计按钮时，我们可以选择直角、小圆角、圆角三种样式，但按钮描述建议不超过 6 个汉字。

按场景划分，按钮可分为：悬浮按钮、填充按钮、线框按钮、图标按钮、文字按钮。我们可以通过尺寸、大小、填充、描边、圆角、扁平化、位置调整等方式让按钮更加醒目。特别强调的是，按钮的位置至关重要，一定要与当前窗口的内容相匹配。比如：页面中有一个小窗口需要添加一个按钮，则不建议将其设计在页面底部，可以将其固定在当前显示窗口的底部，从而更好地引导用户进行下一步的操作。

图 2-34　按钮规范

2.3.7　输入规范

输入规范主要从文案提示、页面交互和结果反馈三个方面，给用户在操作过程中更加人性化的引导和友好提示。常见的输入类型有单行文本框、多行文本框、单选框、复选框、搜索框、下拉框、滑动开关、文件上传、日期选择器、城市选择器等。

输入框分为可编辑输入框、不可编辑输入框、禁用输入框。以快捷登录为例，我们只有输入正确格式的手机号，才能点亮"获取验证码"按钮，并进行下一步"输入验证码"的操作；验证码校验通过，才能点亮"安全登录"按钮，如图 2-35 所示。

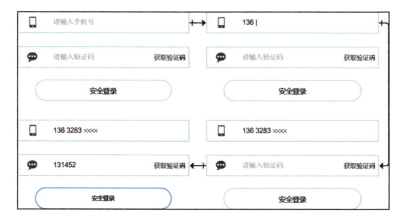

图 2-35　快捷登录输入规范

2.3.8　提示规范

提示是对用户的操作反馈一些信息流或状态，是人机交互最重要的一条原则，即确保系统对用户的页面操作做出及时响应。

提示可以让用户在操作过程中得到反馈，同时告知用户关键信息。常见的提示有三种样式：Toast（吐司）提示、Snackbar（底部弹框）提示以及 Dialog（对话）框提示。提示规范如图 2-36 所示。

2.3.9　弹窗规范

弹窗通过友好的内容提示或信息反馈，激起用户进行下一步操作，即获得页面信息反馈后，帮助用户做决定，并快速地达成用户目标。

图 2-36 提示规范

弹窗分为模态弹窗和非模态弹窗两大类。模态弹窗会打断用户的当前操作流程，只允许用户在当前弹窗上进行相关操作，且必须对该对话框进行响应，才能对对话框以外的内容进行操作。非模态弹窗则与之相反。

弹窗可以定义蒙层的颜色、透明度、大小等样式，以及弹窗内的文字说明和按钮操作，如图 2-37 所示。模态弹窗包括：对话框（Dialog）、操作菜单（Actionbar）、弹出框/浮层弹窗（Popover/Popup）。非模态弹窗包括：底部弹出框（Snackbar）、吐司提示（Toast）、气泡弹窗（Tooltips）。

原型分为草图原型、低保真原型和高保真原型。我们可以用 Axure、Mockplus、Mocking Bot、蓝湖或 Sketch 等工具去设计原型。在画原型的时候，我们会发现越简单的元件，使用频率越高，因此制定基础元件的设计规范，有利于多人协同、减少重复工作和方便产品迭代。

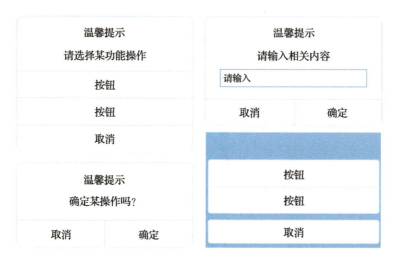

图 2-37 弹窗规范

2.4 Axure 原型部署到 GitHub 上预览

Axure 虽然是主流的原型设计工具之一，但演示原型是硬伤，将原型发布到 Axure 服务端后，页面预览加载太慢，不方便团队协同。GitHub 的出现解决了原型预览的问题。此外，GitHub 作为一个开源及私有软件项目的托管平台，将原型部署到 GitGub，让原型也有了版本控制的概念，这样我们既可以提交新版本，也可以回退到历史版本。

为了帮助产品经理掌握这一技能，我用 GitHub Desktop 客户端和 Git 命令行两种操作方式，教你如何将 Axure 原型部署到

GitHub，实现链接快速预览。

1. 安装注册

首先安装 GitHub Desktop 客户端和 Git 系统，然后在 https://github.com 页面注册个人账户。

2. 创建仓库

打开 GitHub Desktop 客户端，单击"Create a New repository"，填写名称、描述，选择远程仓库属性后，单击"Create repository"，则仓库创建成功。GitHub Desktop 客户端创建仓库页面如图 2-38 所示。

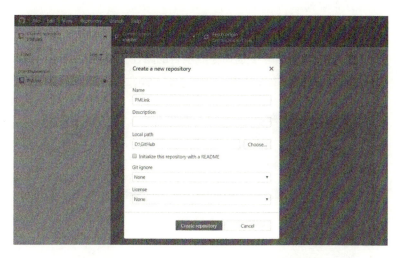

图 2-38　GitHub Desktop 客户端创建仓库页面

进入当前仓库目录，在 git-bash 终端运行 git init 命令，初始化一个 Git 仓库，生成一个 .git 目录，如图 2-39 所示。

| 产品闭环 |

图 2-39　git-bash 终端初始化仓库

3. 克隆仓库

打开 GitHub Desktop 客户端，选择一个在 GitHub 上创建的仓库，在"Local path"下选择存放项目的路径，单击"Clone"后，就可以复制仓库到本地分支，如图 2-40 所示。

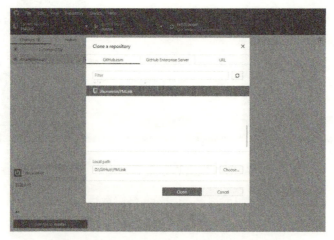

图 2-40　GitHub Desktop 客户端克隆仓库

git-bash 终端运行 git clone https://github.com/zhuxuemin/PMLink，会在当前目录下创建一个名为"PMLink"的仓库，其中包含一个 .git 文件，用于保存所有的版本记录，如图 2-41 所示。

图 2-41　git-bash 终端克隆仓库

4．发布原型

在 Axure 服务端单击"发布"，生成 HTML 文件，并存放到本地仓库目录。若使原型适配手机，我们要单独设置原型的尺寸，如图 2-42 所示。

5．提交文件

打开 GitHub Desktop 客户端，单击当前仓库的"Changes"，会显示文件已修改，然后按步骤备注当前版本的概要及描述，单击"Commit to master"按钮，最后提交到服务端的仓库，如图 2-43 所示。文件提交完成后，会加载到"History"中，这样可以进行版本回退操作。

| 产品闭环 |

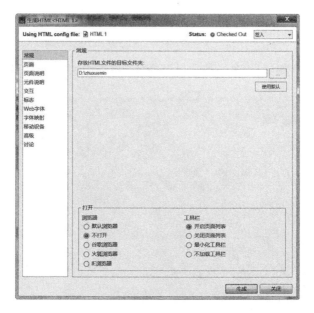

图 2-42　Axure 服务端生成 HTML 文件页面

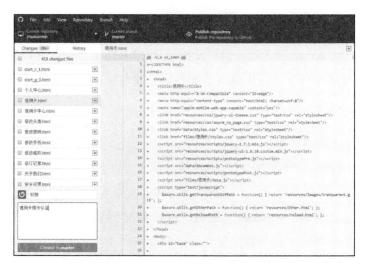

图 2-43　GitHub 客户端提交文件页面

在 git-bash 终端运行 git add pmlink.txt，添加文件到缓存区，如图 2-44 所示。若添加当前目录下的全部文件，可以使用"git add."命令，再运行 git commit -m "zhuxuemin"，提交文件到本地仓库，并备注提交说明。此外，运行 git push -u origin master 可将本地的 master 分支推送到 origin 主机，再把内容发布到 GitHub 上。

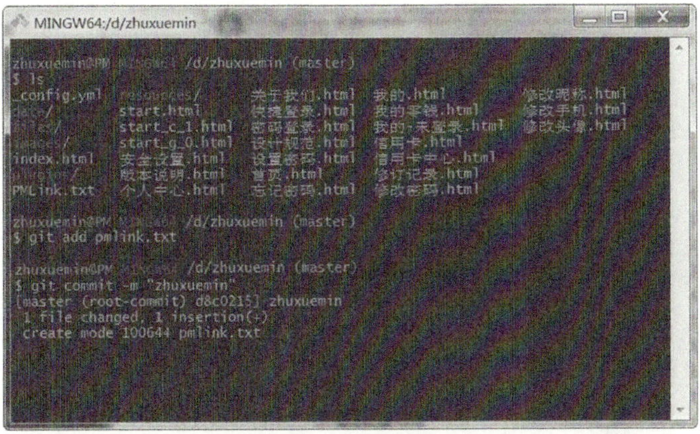

图 2-44　git-bash 终端提交文件

6. 配置 GitHub Pages

在 GitHub 上访问当前仓库，单击"Setting"进入页面，向下拖拽到 GitHub Pages 处，选择"Source"为"master branch"，单击"Save"生成链接。我们可以看到 HTTPs 和自定义域名都已生效，整个仓库部署完成，如图 2-45 所示。

7. 预览原型

复制 GitHub 生成的原型地址，在浏览器端直接粘贴访问，就可以快速预览最新提交的原型文件，如图 2-46 所示。

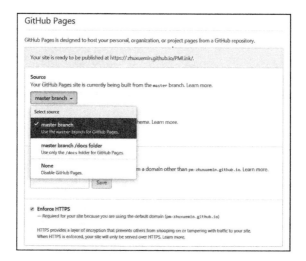

图 2-45　配置 GitHub Pages

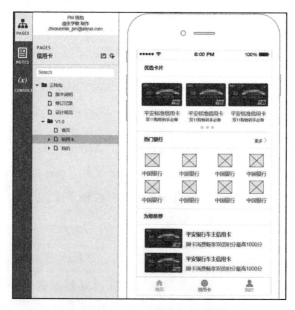

图 2-46　"PM 钱包"原型预览页面

8. 常用命令

若想在 Git 端查看历史提交、撤销提交操作、添加远程仓库、更新远程文件、移动仓库文件、创建私钥/公钥等，需要掌握一些常用的 Git 命令，如图 2-47 所示。

图 2-47　Git 常用命令

如果你不是技术出身的产品经理，想掌握 GitHub 预览 Axure 发布的 HTML 文件，建议利用完整的时间边看边操作，碎片化阅读会影响学习效果。

2.5 产品流程设计详解

扪心自问,你真的能区分业务流程图、功能流程图和页面流程图吗?在工作中,产品经理经常会在设计流程图时把三者杂糅在一起,或在设计流程图时无从下手。

流程图是产品经理入门必备的基本技能之一。产品经理设计流程图时要有很强的业务逻辑理解能力。流程图需要描述一个流程中各项任务的逻辑顺序及重点,并让其形成一个闭环,从而帮助我们全面了解业务处理的流程,分析业务流程的合理性。

2.5.1 了解产品流程图

流程图是按照一定的规则和说明,以有顺序且带箭头的线框图将一个业务或功能的具体操作步骤展现出来。对于产品经理而言,流程图是一种表达需求过程、业务逻辑和功能说明的线框图。

设计流程图最忌讳的就是把业务流程图、功能流程图与页面流程图杂糅在一起。要想设计好流程图,首先得了解流程图的六大要素及方法论。流程图的六大要素包括:参与者、活动、次序、输入、输出、标准化。流程图的方法论包括:梳理业务逻辑、明确角色与任务、分析异常情况、流程优化与调整等。

流程图比抽象的文字描述更能表达业务逻辑、提高工作效率,且便于重组、优化流程。在日常工作中,流程图对产品经理梳理业务有很大的帮助,主要体现在如下几点。

❑ 收集需求时，流程图能将业务方的一些逻辑复杂和规则不清楚的需求清晰地表现出来，降低双方的沟通成本。
❑ 分析需求时，流程图可帮助我们梳理业务逻辑，简化烦琐的操作流程，优化复杂的关键节点，推动功能逻辑的实现。此外，流程图还能帮助我们查漏补缺，快速发现业务逻辑上的不足之处，以便及时优化与调整。
❑ 评审需求时，流程图会让我们在澄清需求时思路更清晰、逻辑更顺畅，能高效地解决与开发人员的沟通问题，避免因为业务逻辑表达不清楚而与开发人员产生分歧。

2.5.2 流程规范

将梳理的产品流程形成标准的流程规范，是产品经理必备的基本素养。流程规范可以帮助产品经理了解业务如何运转，即闭环式梳理让流程合理落地，主要包括如下内容。

1）与业务方充分沟通需求的内容，了解清楚需求背景。

2）将业务需求转化为产品需求，提炼需求的功能点。

3）结合用户使用场景，通过用例描述需求的业务规则。

4）对需求做定性和定量分析，基于用户访问路径，尽可能细化异常场景。

5）设计流程图，确保业务的主流程流畅，并涵盖所有子流程节点。

在整个流程的梳理过程中，我们会深入了解产品形态、业务流程、产品逻辑之间的关系，并输出业务形态图、用户用例图与流程图。

2.5.3 绘制流程图工具

绘制流程图常用的工具包括：Visio、Axure、ProcessOn、Draw.io、Gliffy Diagrams、SmartDraw、亿图图示、PPT、Word 等。这里推荐使用 Visio。

除了掌握工具的基本使用外，我们还得了解一些设计方法论。工具只是手段，流程才是核心，这是产品之"器"中很重要的一部分内容。

2.5.4 设计产品流程图

流程图是产品设计前、中、后期的阶段性产物。按照产品内容描述的维度，我们可以将流程图分为：业务流程图、功能流程图与页面流程图，如图 2-48 所示。

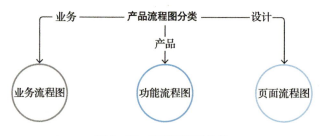

图 2-48 产品流程图分类

1. 业务流程图

业务流程图是将产品的业务逻辑流程化，并以图表的形式表达。业务流程图抽象地描述业务进行的次序，以及流转过程中传递的信息，但不涉及具体的用户操作与执行细节。业务流程图一般可分为：基础流程图和跨职能流程图。

在产品规划阶段，业务流程图是项目立项时举足轻重的表达方式；在产品设计阶段，业务流程图是撰写产品需求文档时至关重要的逻辑体现；在需求评审阶段，业务流程图是需求讲解时不可或缺的沟通手段。

以商品退货为例，我们从角色和事项两个维度梳理业务，了解整个事件的操作流程，如图 2-49 所示。

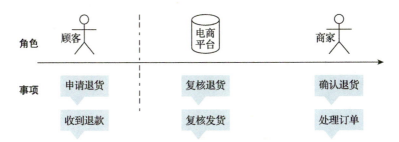

图 2-49　商品退货业务逻辑

首先按角色划分，画出顾客、电商平台与商家；其次画出退货的主干流程；然后判断是否符合退货条件，是否已发货，商品是否完好等分支流程；最后按时间顺序用有向箭头关联，输出完整的业务流程图，如图 2-50 所示。

2. 功能流程图

功能流程图是将系统或模块的所有功能，以及功能之间的流向关系，以图的形式表达出来。功能流程图强调的是功能间的逻辑和因果关系，且可以具体地表达每个模块所包含的功能。

退货-业务流程图(简版)

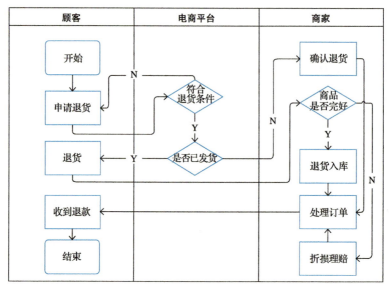

图 2-50 商品退货业务流程

以用户登录为例,我们可以从功能和条件两个维度梳理业务,了解整个业务的判断逻辑,如图 2-51 所示。

图 2-51 用户登录业务逻辑

首先,列出所有操作功能:打开 App,点击登录,输入账号密码;然后,增加判断条件:校验登录信息的一致性,校验注册信息的一致性;最后,按操作次序关联,就得到了功能流程图,如图 2-52 所示。

登录-功能流程图（简版）

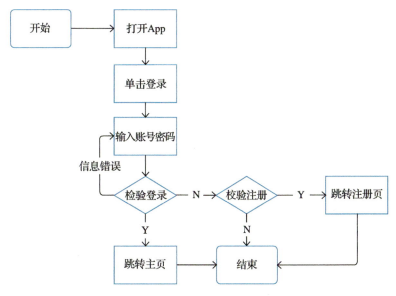

图 2-52 用户登录功能流程

3. 页面流程图

页面流程图是将产品的所有页面及页面之间的流转关系，以图的形式表达出来，即站在用户的视角，通过相关操作使用户看到不同页面的内容，并发现页面跳转时的体验问题。页面流程图的三要素包括：页面、操作、连接线。

页面流程图是表现用户在使用产品时，在不同的操作指令下页面的流转关系，本质是凸显页面元素与逻辑关系，提升原型设计的效率，以便产品经理更好地把控产品整体的流畅性。

以购物车商品结算为例，我们可以从页面和动作两个维度梳理业务，了解整个页面的跳转逻辑，如图 2-53 所示。

图 2-53 购物车商品结算业务逻辑

首先,列出参与购物车商品结算的相关页面:淘宝首页、商品详情页、购物车页、确认订单页、确认付款页、订单详情页;然后,列出各页面主要操作功能;最后,按照操作次序用箭头关联相关页面,这样就得到了页面流程图,如图 2-54 所示。

购物车-页面流程图(简版)

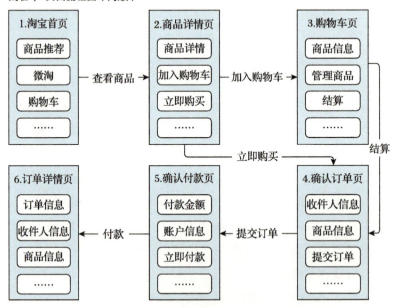

图 2-54 购物车商品结算页面流程

综上可知，业务流程图侧重表达产品业务逻辑的流转路径；功能流程图侧重表达产品功能逻辑的操作路径；页面流程图则侧重表达产品页面元素间的跳转关系。

流程设计是连接需求分析和原型设计的桥梁，其中最重要的环节是业务梳理。从产品角度讲，业务梳理注重产品实现的交互动作、功能的操作流程、系统的判断逻辑；从技术角度讲，业务梳理注重工作流的扭转、状态流的变化、数据流的走向。

对于产品经理而言，高效的流程设计在于把业务掰开揉碎后，重新打通整个业务流程，并倒推产品逻辑，即透视关键事件、制定优化方案、改进现有流程，让业务、功能和页面操作形成一个完整的闭环。

第 3 章 | CHAPTER 3

产品之"法"

　　做产品,核心是寻找用户需求,并在此基础上实现共赢。一千个人眼中有一千个哈姆雷特,需求也是。不同的用户有不同的需求,产品经理要做的就是对收集的需求进行分类、排序、分析、评审,细分产品进度,直至实现需求。产品上线之后,还不是终结,产品经理还要基于更精细的用户行为分析、构建用户画像,调整产品决策,指导业务增长。产品之"法",除了围绕需求和用户行为研究给出具体的分析方法,还介绍了后台产品闭环设计"七步法"、B 端产品形态闭环设计方法、撰写 MRD 文档的方法、竞品分析等。

3.1 需求分析流程闭环：让需求快速落地

对于产品经理而言，做产品要对用户和公司负责，一方面通过产品解决用户痛点，即响应用户需求；另一方面通过产品实现商业价值，即帮助公司盈利。

产品经理最需要具备的技能是让需求快速落地。做产品久了就会发现，大部分工作都在和需求打交道。因为有需求，产品经理才有了存在的意义；因为有需求，产品才有了价值。

让需求快速落地，关键是在需求分析的过程中让流程形成闭环。该流程包括6个步骤：需求来源、需求收集、需求分类、需求排序、需求分析与需求评审。

3.1.1 需求来源

需求来源于用户，但不止于用户，一般分为外部来源和内部来源。外部来源包括市场调研、用户研究、竞品分析、行业分析等，内部来源包括产品规划、数据分析、用户反馈、体验优化等。

在实际工作中，因为产品岗位级别的不同，我们接触的需求来源也是不同的。比如初级产品岗位的需求一般来自高层领导或用户反馈，中级产品岗位的需求一般来自市场研究或业务部门，高级产品岗位的需求一般来自战略目标或业务模式。

3.1.2 需求收集

需求收集就是收集市场和用户的需求，通过版本迭代改进产品，以便满足用户的需求，从而保持产品的核心竞争力。

需求收集只是了解用户的手段，我们要挖掘真正的用户需求。以投标为例，用户可能会反馈以下几个问题：①出借时，系统不能同时使用多张加息券；②投资后，系统没有提示成功或失败；③为何单笔投资要大于 100 元。我们可以从业务流程或使用场景的角度，捕获用户真正的需求，并协调资源实现该需求。

需求收集不能为了完成工作任务而收集，也不能是业务部门给什么需求就实现什么需求。我们应该收集用户真正面临的问题，即通过某些行之有效的方法，识别用户的真正需求。需求收集的常用方法包括：头脑风暴、用户访谈、问卷调查、需求会议、满意度调查、用户行为分析、可用性测试。

此外，为了提高工作效率，我们一般会制定需求收集流程。以某银行产品中心的需求收集为例，产品经理会先制定一个《某部某产品需求收集汇总》表，然后根据产品迭代周期，按期发送常规版本需求收集的邮件，并设定一个当前版本需求收集的时间节点。设定需求收集的时间节点，主要是为了约束延期或临时增加需求。对于增加需求这类情况，产品经理必须加急流程，且要高层领导同意后才能让产品需求介入，不然会很被动。

3.1.3　需求分类

需求可以依据不同的维度进行分类，一般分为功能性需求和非功能性需求。需求分类常用的方法有马斯洛需求理论、KANO 模型等。

KANO 模型以分析用户需求对用户满意度的影响为基础，将用户需求分为 5 类：基本型需求、期望型需求、兴奋型需求、无差异型需求、反向型需求，如图 3-1 所示。

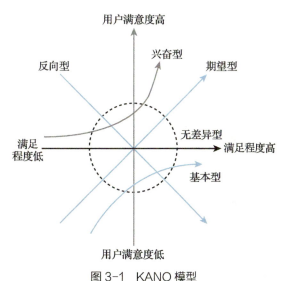

图 3-1　KANO 模型

- **基本型需求**：用户不说却必须存在的需求，即所谓的用户痛点。比如理财类 App 做金融撮合服务，就必须要为出借人提供可投资的债权。
- **期望型需求**：与用户满意度呈正相关的需求，即所谓的用户痒点。比如理财类 App 的投标加息和返现功能。
- **兴奋型需求**：给用户提供对产品超过期望的需求，即所谓的用户爽点。比如理财类 App 搭建会员成长激励体系。
- **无差异型需求**：不会对用户满意度造成影响的需求，不论提供与否都不影响用户体验。比如理财类 App 发现页的文章资讯动态。

❑ **反向型需求**：与用户满意度呈反相关的需求，与大多数目标用户需求无关，提供太多反而会影响用户体验。比如理财类 App 插入太多的第三方平台广告。

此外，我们可将用户需求绘制成 KANO 模型评价结果表，以便进一步分析目标需求的合理性，如表 3-1 所示。

表 3-1 KANO 模型评价结果

产品功能		不提供此功能				
		喜欢	理所应当	无所谓	可以忍受	不喜欢
提供此功能	喜欢	可疑结果		兴奋型需求		期望型需求
	理所应当		反向型需求	无差异型需求		基本型需求
	无所谓					
	可以忍受					
	不喜欢			反向型需求		可疑结果

做需求分类时，我们不能成为需求的搬运工，要懂得对需求进行过滤、拆分和拒绝。以理财 App 收益计算器为例，如表 3-2 所示，我们可以从喜欢、理所应当、无所谓、可以忍受、不喜欢 5 个维度，结合 KANO 模型对其进行评价，从而找出目标用户的真正需求。

表 3-2 理财 App 收益计算器 KANO 模型评价结果

理财 App 收益计算器		KANO 模型评价结果				
		不提供此功能				
		喜欢	理所应当	无所谓	可以忍受	不喜欢
提供此功能	喜欢	Q	A	A	A	O
	理所应当	R	I	I	I	M
	无所谓	R	I	I	I	M

（续）

理财 App 收益计算器		KANO 模型评价结果				
		不提供此功能				
		喜欢	理所应当	无所谓	可以忍受	不喜欢
提供此功能	可以忍受	R	I	I	I	M
	不喜欢	R	R	R	R	Q
A：魅力型　O：期望型　M：基本型　I：无差异型　R：反向型　Q：可疑结果						

马斯洛需求理论把需求分为 5 个层次，即生理需求、安全需求、社交需求、尊重需求和自我实现需求，如图 3-2 所示。

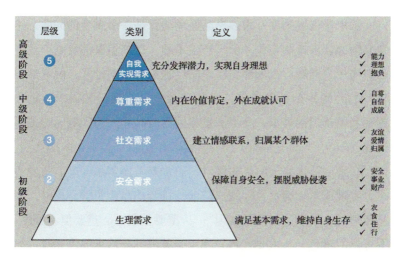

图 3-2　马斯洛需求理论

- **生理需求**：能够维持或满足自身生存的本能需求。比如食物、空气、饮水、睡眠、住房等。
- **安全需求**：追求一个安全机制的基本需求。比如人身安全、生活稳定、工作保障、健康保障、财产所有权等。
- **社交需求**：社交过程中建立情感关系的需求。比如友谊、爱情、社交圈子以及归属关系等。
- **尊重需求**：个人的价值得到社会认可的需求。比如自我尊重、社会地位、成就、对他人尊重、被他人尊重等。
- **自我实现需求**：实现个人理想和人生价值的需求。比如自觉性、创造力、个人能力、人生巅峰等。

3.1.4 需求排序

需求优先级排序对很多产品经理而言是一个棘手的问题，经常会因为需求排期与业务部门产生矛盾。比如运营部要求产品经理解决用户问题，市场部要求产品经理配合活动推广，财务部要求产品经理协助核对数据，只满足其中一个部门的需求，就会忽视其他部门的需求，全部满足却因为时间和人力问题无法按期完成。

在确定需求实施的优先级时，通常要考虑紧急程度、重要程度、实现成本、满足目标用户需求、符合产品定位等。此外，产品经理可以借助"四象限法则"，从重要且紧急、重要但不紧急、不重要但紧急、不重要且不紧急4个象限拆分需求的优先级，如图3-3所示。

在需求阶段，我一般是基于紧急和重要程度对需求做优先级排序，然后将需求池中的需求建立需求矩阵，标注优先级，以便后续的头脑风暴或每日站立会做清单。

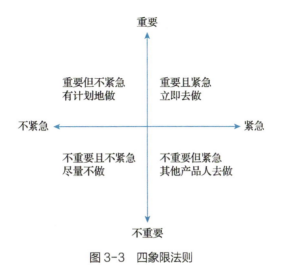

图 3-3　四象限法则

3.1.5　需求分析

需求分析是从用户提出的需求出发，对需求进行详细的分析，并转为开发可实现的产品需求的过程。

任何产品需求分析到最后都是人性的洞察。做需求分析其实就是挖掘用户需求，分析用户行为，洞察用户动机，解决用户痛点。无论从 0 到 1 还是系统重构，需求分析都是以需求的"真实、刚需、高频"为中心，从发现需求、分析需求、描述需求三个方面着手，洞见用户与需求间的情感链接，进而形成一个需求闭环，如图 3-4 所示。

做需求分析是为了验证目标用户的真实需求。在工作中，我做需求分析主要分 6 步：梳理功能架构、设计业务流程、建立用户角色、分析使用场景、转化为产品原型、描述业务规则。

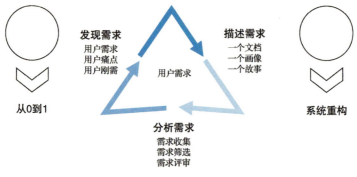

图 3-4 需求闭环

此外，我会借助思维导图与 Visio 软件梳理相关业务，通过构建场景化故事与用户画像等，对目标用户的需求进行定性和定量分析，如图 3-5 所示。

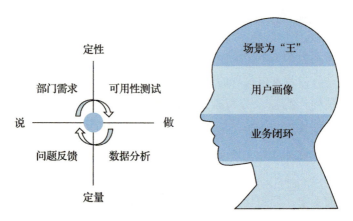

图 3-5 定性与定量分析目标用户需求

3.1.6 需求评审

需求评审是需求落地过程中很重要的一个环节，且要让整个评审流程形成一个闭环。需求评审流程主要包括：评审前准备、评审中讨论和评审后汇总，如图 3-6 所示。

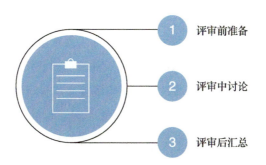

图 3-6 需求评审流程

- **评审前准备**：组织项目人员进行需求评审，将需求、原型和文档等发给相关人员，并发邮件通知参会时间和会议内容。
- **评审中讨论**：讲解需求背景、描述用户需求、介绍功能模块、讲述业务流程、演示原型、讨论业务规则、记录会议纪要、明确讨论结果、安排开发人力、预估上线时间。
- **评审后汇总**：评审会结束后及时汇总，并发出会议纪要，将评审过程中发现的需求缺陷或补充的业务规则完善到产品需求文档。

需求在收集的过程中都是一个个散点，中间还有需求变更或临时增加的情况。产品经理的工作重点在于让需求从收集到分析实现闭环，以便需求快速落地。

3.2 撰写一份实用的产品需求文档

3.2.1 什么是产品需求文档

产品需求文档是产品由立项阶段进入需求阶段的最重要的一个文档。简而言之，产品需求文档是将宏观抽象化的业务拆分成具体化的功能需求，并通过文字或图像等方式呈现出来。

产品需求文档主要的应用对象有：产品、设计、项目、开发、测试。产品经理可以根据产品需求文档进行功能自查，从而更加完整地梳理产品；设计师可以通过产品需求文档设计交互细节，并改善用户体验；项目经理可以根据产品需求文档拆分工作任务，并分配给开发人员；开发人员可以根据产品需求文档获知整个产品的业务逻辑；测试人员可以根据产品需求文档构建用例，并进行可用性测试。

传统的产品需求文档冗长而复杂，一方面不方便产品经理清楚产品设计的相关细节；另一方面不方便产品经理将需求简单且清晰地传达给 PRD 阅读者。

3.2.2 写产品需求文档目的

产品需求文档是产品新人入门的必修课，是进入职场的敲门砖，也是产品经理基本功的体现，更是衡量产品经理整体思维的标准。

产品需求文档是每个产品经理打交道最多的文档，也是项目启动前必须要通过项目组评审并确定最终需求范围的重要文档。

产品需求文档在项目立项阶段可用于评估产品机会；在需求阶段可用于定义产品功能范围。产品需求文档可以用于梳理产品业务逻辑，记录需求变更内容，管理产品迭代过程，便于部门需求沟通。产品需求文档的好坏直接影响到开发进度、测试质量以及最终的实现效果。

产品需求文档是产品经理和开发人员沟通需求的重要工具，产品经理一般用它做需求管理和版本管理。产品需求文档首先应该展示的内容是需求，如果一份产品需求文档能够充分表达用户需求，那么它就可以作为需求验收的标准。

3.2.3 如何写产品需求文档

之前有些想转行和刚入门不久的朋友在公众号"产品闭环"下留言，问如何写好产品需求文档。下面我分享一下自己的经验。

撰写产品需求文档工具有多种，常见的有：Word、PPT、Wiki和Axure等，但我个人更倾向于直接在Axure软件中撰写产品需求文档。此外，对于描述需求或业务规则，我倾向于用可视化的结构图、流程图和原型表示，文字只是作为补充说明。

产品需求文档内容包括：文档概述、产品说明、全局说明、功能需求、非功能需求、改进建议等。基于上述内容纲要，我从理论角度阐述并结合案例进行分析。

1. 文档概述

（1）修订记录

修订记录主要包括版本、时间、内容、备注等，方便沟通和记录产品形成的过程，为规划未来的产品迭代提供参考。以下是

PMLink 迭代的一个简化修订记录，如表 3-3 所示。

表 3-3 PMLink 迭代记录

PMLink			
版本	修订人	修订时间	修订内容
V1.0	朱学敏	2015-08-27	初稿
V1.1	朱学敏	2015-10-12	系统升级改版

（2）项目背景

简单描述项目的背景、目标、定位和用户等，让项目成员对项目有整体的认知，以及明确产品迭代的方向。

（3）阅读对象

阅读对象是说明文档的主要阅读对象和使用者，一般包括产品、设计、项目、开发、测试和业务负责人。

（4）专业术语

专业术语是对文档中出现的一些专业名词做解释，方便项目成员理解业务并统一名称。

2. 产品说明

产品说明是从产品生命周期了解各个阶段的运营活动，比如产品路线图、功能清单、产品结构设计、用例图、业务流程图、需求列表、产品进度、开发进度等。

（1）产品路线图

产品路线图是一个高级战略文档，用于对产品进行周期性的规划，规划各个时间节点要完成的产品需求，从而达到阶段性的目标，如图 3-7 所示。

第3章 产品之"法"

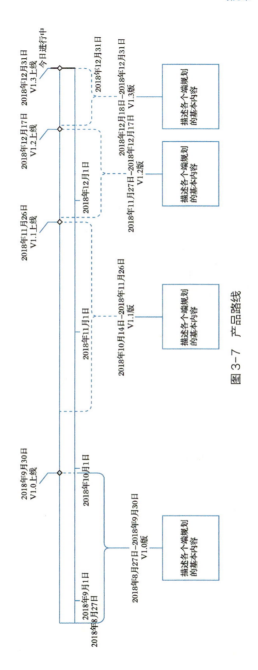

图 3-7 产品路线

（2）功能清单

产品功能可按模块—功能—描述（M-Bu-Uc）的形式细化，并做好优先级排序，方便后续对功能进行跟踪和做需求清单。产品功能清单如表 3-4 所示。

表 3-4　产品功能清单

模块（M）	功能（Bu）	描述（Uc）	优先级
首页	活动模块	横幅广告	高
	权限控制	游客访问	中
	公告轮播	公告轮播	中
	热门活动	线下沙龙	高
	渠道广告	投放广告	高
文章	文章列表	展示文章列表	高
		文章分类推荐	中
		精选文章推送	高
我的	个人中心	关于我们	低
		联系客服	中
		账户设置	高

（3）产品结构设计

产品结构设计侧重基于功能构建产品的整体架构，主要是梳理产品框架和基本功能，综合展示产品信息和功能逻辑，如图 3-8 所示。

（4）用例图

用例图是从用户自身角度，分析产品功能范围，用一种可视化的方式设计系统的功能需求，本质上还是扩展功能的增、删、改、查。图 3-9 所示为某款小程序用例图。

第3章 产品之"法"

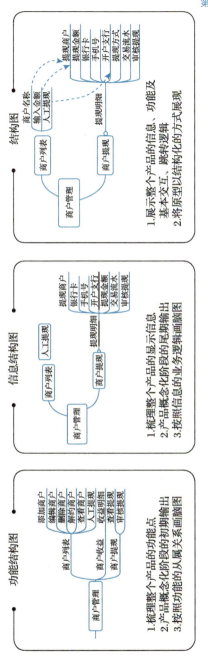

图3-8 产品结构

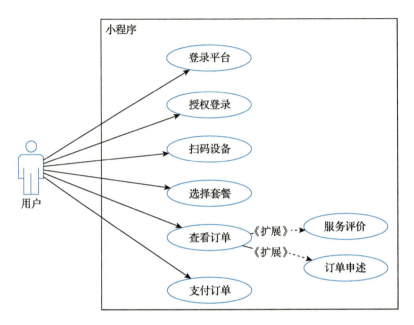

图 3-9 某款小程序用例图

（5）业务流程图

业务流程图是将产品的业务逻辑流程化，并抽象地描述业务操作次序，以及业务流转过程中传递的信息。图 3-10 所示为某扫码按摩小程序的业务流程。

（6）需求列表

需求列表是对产品进行全方位的规划描述，具体到各个模块的功能和内容描述，一般会输出需求矩阵，如图 3-11 所示。

（7）产品进度

产品进度是在需求阶段对产品设计的全流程进行管控，了解每一个环节的具体情况，以便准确掌握产品进度，如图 3-12 所示。

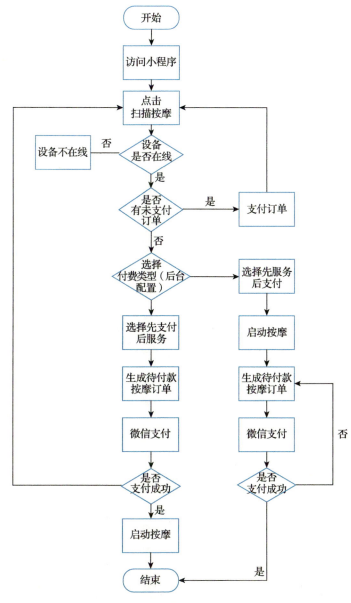

图 3-10 某扫码按摩小程序业务流程

| 产品闭环 |

需求列表 | 产品进度 | 开发进度

需求编号	需求类型	需求来源	平台	一级模块	功能点	详细说明	需求等级	提出日期	状态
2018041801	新增功能	朱学敏	管理后台	商品模块	关联品牌	要求所有新增商品关联品牌	3	2018-04-18	待确认
2018041802	新增功能	朱学敏	管理后台	商品模块	关联品牌	要求所有新增商品关联品牌	3	2018-04-18	待确认
2018041803	新增功能	朱学敏	管理后台	商品模块	关联品牌	要求所有新增商品关联品牌	3	2018-04-18	待评估
2018041804	新增功能	朱学敏	管理后台	商品模块	关联品牌	要求所有新增商品关联品牌	3	2018-04-18	待评估
2018041805	新增功能	朱学敏	管理后台	商品模块	关联品牌	要求所有新增商品关联品牌	3	2018-04-18	已拒绝

图 3-11 需求矩阵

第3章 产品之"法"

需求列表 | 产品进度 | 开发进度

需求编号	需求负责人	产品负责人	产品设计流程管控					备注
			1.需求收集	2.需求确认	3.原型设计	4.视觉设计	5.网页设计	
说明	朱学敏	朱学敏	需求收集、细化、整理、应用场景说明	完成功能设计框架图、业务流程图、需求评估会议确认需求及时间节点	撰写全局规范，对具体页面、功能进行原型设计	编制平台设计规范，统一平台设计风格，要有协调感、美感	网页设计、规划、排版，注意兼容性	需求是否有变动，进度是否需要延期
2018041801	朱学敏	朱学敏	2018-04-18	2018-04-18	2018-04-20	2018-04-21	2018-04-21	无

图3-12 产品进度

（8）开发进度

项目开发是最为关键的阶段，产品经理要安排具体任务的时间计划。在该计划的执行过程中，产品经理要跟踪任务进度，检查实际进度是否与计划进度相一致，保证项目按时完成，如图 3-13 所示。

3. 全局说明

全局说明是对产品设定一些行为准则，使产品人员按照既定标准、规范进行操作。比如页面设计规范、产品状态规范、操作提示规范、数据加载规范、消息通知规范等。

（1）页面设计规范

页面设计规范是对界面元素的窗体、颜色、弹窗、按钮、提示和字体等设定统一的规范和使用原则。在团队协作中，页面设计规范可以减少重复且低效的工作，方便项目的维护和更新。页面设计规范如图 3-14 所示。

（2）产品状态规范

产品状态规范是对产品各个属性的状态值进行统一的规范，并梳理可操作按钮的点击状态等。产品状态规范如图 3-15 所示。

（3）操作提示规范

操作提示规范是对需要用户明确的操作结果进行提示，使用户的行为在操作过程中得到反馈，进而帮助用户进行下一步操作。操作提示规范如图 3-16 所示。

（4）数据加载规范

数据加载规范是对业务对象的数据加载、刷新和排序规则进行说明，确保数据的可读性并符合用户的浏览习惯。数据加载规范如图 3-17 所示。

第3章 产品之"法"

需求列表	产品进度	开发进度					
				开发流程管控			
需求编号	产品负责人	开发负责人	1.需求确认	2.概要设计	3.代码开发	4.测试	5.部署上线	备注
说明	朱学敏	朱学敏	技术评估会议、确认需求、接收需求、消化需求	开发人员按需求输出库表设计、时序跳转和用户使用流程	程序设计、代码编写	功能测试、兼容性测试、体验性测试	部署上线前由产品人员验收,成果验收后由运维人员部署上线	需求是否有变动,进度是否需要延期
2018041801	朱学敏	朱学敏	2018-04-18	2018-04-20	2018-04-26	2018-04-28	2018-04-30	无

图3-13 开发进度

| 产品闭环 |

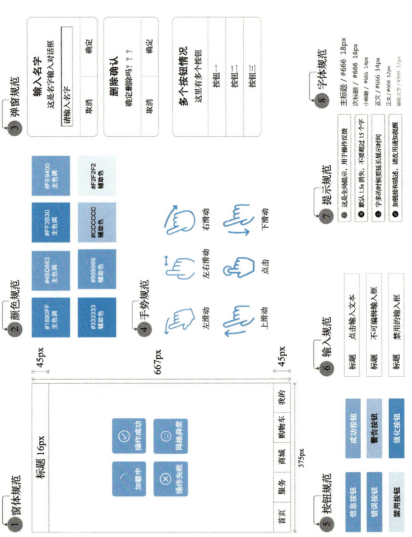

图 3-14 页面设计规范

第3章 产品之"法"

产品状态规范 | 操作提示规范 | 数据加载规范 | 消息通知规范

产品	状态值	说明	按钮点击态
商品档案	上架	商品在销售端展示,可售卖	查看、修改、下架
	下架	商品在销售端不展示,不可售卖	查看、修改、上架、删除
供应商	正常	供应商处于合作状态	查看、修改
	关闭	供应商处于非合作状态	查看、修改、删除
采购单	[待审核]待入库	采购申请单尚未审核	查看、修改、审核、删除、打印
	[审核失败]待入库	采购申请单审核不通过	查看、修改、删除、打印
	[审核成功]待入库	采购申请单审核通过,等待采购入库	查看、入库、作废、打印
	[审核成功]已作废	废弃已经审核通过且尚未有过入库记录的采购单	查看、打印
	[审核成功]部分入库	采购申请单审核通过,部分商品已经入库	查看、入库、退货、打印
	[审核成功]已入库	采购申请单审核通过,全部商品已经入库	查看、退货、打印

图3-15 产品状态规范

| 产品状态规范 | 操作提示规范 | 数据加载规范 | 消息通知规范 |

警告提示	确认提示	消息提示
⚠️ 温馨提示 一些附加信息，一些附加信息 [确认] [取消]	⚠️ 温馨提示 一些附加信息，一些附加信息 [确认] [取消]	⚠ 这是一条警告的消息！ ❌ 这是一条错误的消息！ ⓘ 这是一条信息的提示消息！
只有一个"确定"按钮，无返回值。警告提示经常用于确保用户看到某些信息。当警告提示出现后，用户需要单击"确定"按钮才能继续进行操作	两个按钮，"确定"和"取消"，返回True或False。确认提示用户可以鉴证或者接收某些信息。当确认提示出现后，用户需要单击"确定"或者"取消"按钮才能继续进行操作。如果用户单击"确认"，那么返回值为True；如果用户单击"取消"，那么返回值为False	消息提示用于告知用户当前操作的结果信息。当消息提示出现后，用户无须进行任何操作，只需等待1~2s，提示消息自动消失后即可进行后续操作

操作对象	操作类型	提示类型	提示语	跳转页面
商品类别	新增	消息提示	新增成功！	商品类别列表页
商品类别	修改	消息提示	修改成功！	商品类别列表页

图3-16 操作提示规范

产品状态规范 | 操作提示规范 | 数据加载规范 | 消息通知规范

加载对象	加载规则	刷新规则	默认排序
商品类别	默认加载10条最新数据，可调整每页加载条数	首页、尾页、上一页、下一页、指定页	按编码顺序排列
商品品牌	默认加载10条最新数据，可调整每页加载条数	首页、尾页、上一页、下一页、指定页	按编码顺序排列
商品单位	默认加载10条最新数据，可调整每页加载条数	首页、尾页、上一页、下一页、指定页	按编码顺序排列
商品档案	默认加载10条最新数据，可调整每页加载条数	首页、尾页、上一页、下一页、指定页	按编码顺序排列
图片库	默认加载10条最新数据，可调整每页加载条数	首页、尾页、上一页、下一页、指定页	按创建时间倒序排列
采购单	默认加载10条最新数据，可调整每页加载条数	首页、尾页、上一页、下一页、指定页	按创建时间倒序排列

图 3-17 数据加载规范

（5）消息通知规范

消息通知规范是对各个类型的业务操作消息通知进行规范，在系统通知栏会有新消息提醒，以便用户收到推送消息后进行相关操作。消息通知规范如图 3-18 所示。

通知类型	前置条件	触发条件	通知内容	跳转
采购单未审核	未登录	登录成功	您有N条采购单待审核	采购单列表页
采购单审核失败	未登录	登录成功	您有N条采购单审核失败	采购单列表页
采购单审核成功	未登录	登录成功	您有N条采购单审核成功	采购单列表页
采购退货单未审核	未登录	登录成功	您有N条采购退货单待审核	采购退货单列表页
采购退货单审核失败	未登录	登录成功	您有N条采购退货单审核失败	采购退货单列表页
采购退货单审核成功	未登录	登录成功	您有N条采购退货单审核成功	采购退货单列表页
商品入库单未审核	未登录	登录成功	您有N条商品入库单待审核	商品入库单列表页

图 3-18　消息通知规范

4. 功能需求

功能需求一般由 4 部分组成：功能总览、页面原型、用例描述、业务规则，主要是对产品的所有功能进行描述和规划。实际上，功能需求是通过场景模拟告诉用户该功能的用途，并使用户了解在何种情况下使用。

（1）页面原型

常见的页面原型设计表现手法有手绘原型、灰模原型、交互原型。产品经理一般是画低保真的手绘原型或灰模原型，而高保真的交互原型更多是让界面设计人员去实现，但我们要在软件需求中说明所有页面的展示内容及每个功能的状态。PMLink 登录页面的原型如图 3-19 所示。

图 3-19　PMLink 登录页面原型

（2）用例描述

用例描述是用文本方式表述的。为了更加清晰地描述用例，我们也可以选择用例图或流程图辅助说明，如表 3-5 所示。

表 3-5　快捷登录用例描述

用例名称	快捷登录
用例编号	M01 首页 _Bu01 登录 _Uc001 快捷登录
操作角色	平台用户
优先级	高
功能目标	通过手机、验证码快速登录平台
输入 / 前置条件	登录 PMLink 的白名单用户
输出 / 后置条件	登录成功并跳转到 PMLink 首页
补充说明	非注册用户快捷登录后，系统自动分配账户

其中，用例编号一般定义到描述（Uc）级，操作角色指参与或

执行该用例的用户,功能目标指功能要实现的预期效果,输入/前置条件指参与或执行该用例的前提条件或者所处的状态,输出/后置条件指执行完毕后的结果或者状态。

(3)业务规则

业务规则是对业务定义和约束条件进行描述,用于维持业务结构或控制和影响业务行为,即告诉我们该功能在操作时有哪些约束条件。

以 PMLink 的快捷登录为例,业务规则会对操作、输入框、内容格式、长度、点亮、控件、数据之间的关联性做出说明,如表 3-6 所示。产品在使用时要有相应的业务规则,且业务规则必须是完整、准确、易懂的。

表 3-6 PMLink 快捷登录业务规则

编号	功能	描述	备注
1	手机号	手机号不能为空	
		手机号必须为 11 位	
		不能输入带非法字符的手机号	
		非区域手机段或国家限制手机号段暂时不校验	
		检查手机号是否存在于黑名单内	
2	验证码	点击获取验证码,触发系统发送验证码,60 秒内无法重复获取	
		验证码有效期为 3 分钟	
		每日限制获取 5 次,超限后无法获取	
		验证码输入正确后点亮登录按钮	
3	用户协议	点击登录即表示已阅读并同意《用户注册协议》	
4	登录	手机号和验证码校验通过后,提示登录成功并跳转到 PMLink 首页	

业务规则将系统处理的业务逻辑从程序代码中抽取出来，将其转变为简单的业务规则，并用结构化的业务规则数据表示业务行为，这样产品经理无须找程序员帮忙，就可以更改业务规则。业务规则引擎架构如图 3-20 所示。

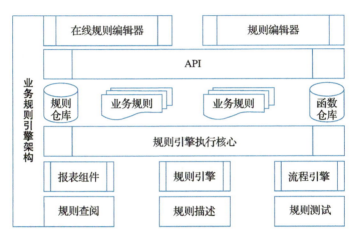

图 3-20　业务规则引擎架构

客户关系管理系统的业务规则复杂多变，需要一套业务规则引擎架构来辅助设计。

5 非功能性需求

非功能性需求指软件产品为满足用户业务需求而必须具有除功能需求以外的特性，一般涉及性能需求、安全需求、可靠性需求、数据监控需求、系统需求、运行环境需求、外部接口需求等。

以性能需求为例，我们会关注产品每秒处理的事务量、功能操作的响应时间、页面刷新时间。以系统需求为例，我们会关注服务器连接失败后的重启次数、超时引起连接失败的比例、失败时数据崩溃的可能性。

6. 改进建议

改进建议实际上是基于用户体验优化产品的路径。网上有太多的产品需求文档可以参考，但不能当作标准规范。最忌讳的是把大公司的文档规范标准原封不动地套用过来。我们要结合实际需求，撰写适合自己产品的产品需求文档。

写产品需求文档不是做"面子工程"或为了个人绩效，写一些无关痛痒的话，这样只会导致需求评审时产品经理说得天花乱坠，开发人员看得眼花缭乱，结果不尽如人意。产品需求文档最后要回归到时效性，在业务逻辑清晰的前提下，尽量用精简的语言，把需求快速传递给开发人员。

一份实用的产品需求文档，一定是遵循整体逻辑清晰、语言简洁易懂、信息实时共享、功能范围明确并快速落地的原则。总而言之，写产品需求文档最重要的是把需求表述清楚。

写好的产品需求文档不是一蹴而就的，除了基本的专业能力和逻辑思维外，还要常收集、常反馈、常总结。

3.3 用户研究：用户行为分析

从流量营销到数据驱动，很多产品的精细化运营都是围绕用户进行的，关键在于用户研究。用户研究是对用户行为进行多维度的跟踪与分析，从中寻找有效触达用户的规律，并有针对性地对产品做出改进，进而提升产品的用户黏度与转化率。

用户研究常用方法有：情境调查、用户访谈、问卷调查、A/B测试、可用性测试与用户行为分析，如图 3-21 所示。其中，用户行为分析是用户研究的有效方法之一。

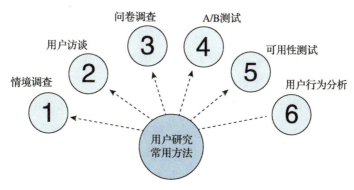

图 3-21　用户研究常用方法

3.3.1　了解用户行为分析

用户行为分析是对用户在产品上产生的行为及行为背后的数据进行分析，通过构建用户行为模型和用户画像，进而改变产品决策，实现精细化运营，指导业务增长。

在产品运营的过程中，对用户行为数据进行收集、存储、跟踪、分析与应用等，可以找到实现用户自增长的病毒式传播因素、群体特征与目标用户，从而深度还原用户使用场景，找到用户行为规律、访问路径及行为特点等。

3.3.2　用户行为分析目的

对于互联网金融、新零售、供应链、在线教育、银行、证券等行业的产品而言，以数据为驱动的用户行为分析尤为重要。用户行为分析的目的是推动产品迭代，实现精准营销，提供定制服务，驱动产品决策。具体内容主要体现在以下几个方面。

- ❑ 对产品而言，用户行为分析可帮助验证产品的可行性，使产品经理清楚地了解用户的行为习惯，并找出产品的缺陷，以便迭代与优化需求。
- ❑ 对设计而言，用户行为分析可帮助提高产品的用户友好性，通过匹配用户情感，细腻地贴合用户的个性服务，并发现交互的不足，以便完善与改进设计。
- ❑ 对运营而言，用户行为分析可帮助提高裂变增长的有效性，通过全面挖掘用户的使用场景，分析运营的问题，以便转变与调整决策，进而实现精准营销。

3.3.3　采集用户行为数据

用户行为数据有很大的商业价值，首先要明确数据的采集方式，以便更好地支持后续的数据分析。常用的数据采集方式有：平台设置埋点和第三方统计工具。

平台设置埋点是一种非常普遍的数据采集方式，即通过编写代码和日志布点的方式，详细描述事件和属性。以用户登录 App 为例，用户登录 App 埋点字段如表 3-7 所示。用户在 App 上登录时，相关的操作都会被记录下来，并以日志形式存储在指定的服务器上。

表 3-7 用户登录 App 埋点字段

一级字段	二级字段	解　释
userInfo （用户信息）	userId	用户 Id
	mobileNo	手机号
	startTime	登录时间
	endTime	退出时间
	ipAddress	IP 地址
	userType	用户类型
	channelSource	渠道来源
	appVersion	App 版本
	appSource	App 来源
	recommendId	推荐 Id

第三方统计工具一般是通过软件开发工具包（SDK）接入，我们只需根据指标去搭建分析模型。常见的第三方统计工具有：百度统计、CNZZ 统计、GrowingIO、诸葛 IO、神策数据、Google Analytics、友盟、Mixpanel、Heap 等。

3.3.4　用户行为分析指标

对用户行为数据进行分析，关键是找到一个衡量数据的指标。根据用户行为表现，用户行为分析指标主要可以分为三类：黏性指标、活跃指标和产出指标，如图 3-22 所示。

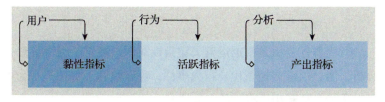

图 3-22　用户行为分析指标

- **黏性指标**：主要关注用户周期内持续访问的情况，比如日新增用户数、日活跃用户数、用户转化率、用户留存率、用户流失率、用户访问率等。
- **活跃指标**：主要考察用户访问的参与度，比如活跃用户、新增用户、回访用户、流失用户、平均停留时长、使用频率等。
- **产出指标**：主要衡量用户创造的直接价值输出，比如页面浏览数量（PV）、独立访客数（UV）、点击次数、消费频次、消费金额等。

这些指标细分的目的是指导运营决策，即根据不同的指标优化与调整运营策略。简而言之，用户行为分析指标细分的根本目的包括：增加用户黏性，提升用户的认知度；促进用户活跃，提高用户的参与度；提高用户价值，培养用户的忠诚度。

3.3.5 做好用户行为分析

确定好用户行为分析指标后，我们可以借助一些模型对用户行为数据进行定性和定量的分析。常用的用户行为分析模型有：行为事件分析、用户留存分析、漏斗模型分析、行为路径分析和福格行为模型，如图 3-23 所示。

1. 行为事件分析

行为事件分析是根据运营关键指标对用户特定行为事件进行分析。通过追踪或记录用户行为事件，可以快速了解用户行为事件发生的趋势和用户行为的完成情况。

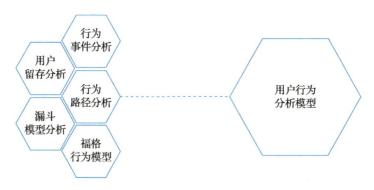

图 3-23 用户行为分析模型

以用户投标的行为事件为例，如表 3-8 所示。出借人在投标过程中的注册、认证、开户、充值、投资等行为，都可以定义为事件。

表 3-8 用户投标行为事件

编号	事件	事件描述	指标
1	注册	单击"注册"	
2		填写信息	
3		注册成功	注册完成
4	认证	单击"认证"	
5		上传身份证	
6		认证成功	认证完成
7	开户	单击"绑卡"	
8		填写银行卡信息	
9		校验银行预留手机号	
10		绑卡成功	开户完成
11	充值	单击"充值"	
12		输入充值金额	

| 产品闭环 |

(续)

编号	事件	事件描述	指标
13	充值	校验支付密码	
14		充值成功	充值完成
15	投资	单击"投资"	
16		输入投资金额	
17		校验支付密码	
18		投资成功	投标完成

确定投标行为事件后,我们可以根据事件属性细分维度,具体包括:用户来源、性别、出生年月、注册时间、绑卡时间、首次充值时间、首次投资时间、标的ID、标名、期限、利率、还款方式等,然后从中找出符合指标的规律,并制定针对性的实现措施。

2. 用户留存分析

用户留存分析是指分析用户参与情况与活跃程度。通过留存量和留存率,我们可以了解用户的留存和流失状况。比如我们可用次日留存、周留存、月留存等指标衡量产品的人气或用户黏性。

以某渠道访问的用户留存为例,如图3-24所示,我们对App端有过访问行为的渠道用户进行留存分析。从图3-24中可以看出,某年8月14日~8月20日访问用户的次日留存率均在41%以上,周留存率为22%。但在8月17日访问用户的次日留存率突然飙升到67%,一般情况下该现象的发生是策划引流活动或App功能优化导致的。

某年	当日	次日	第三天	第四天	第五天	第六天	第七天
8月14日	68%	47%	40%	33%	28%	26%	22%
8月15日	71%	43%	35%	30%	27%	25%	
8月16日	77%	41%	33%	28%	27%		
8月17日	88%	67%	53%	44%			
8月18日	75%	58%	45%				
8月19日	72%	45%					
8月20日	69%						

图3-24 渠道访问用户留存率

用户留存一般符合"40-20-10法则",即新用户的次日留存率大于40%,周留存率大于20%,月留存大于10%才符合业务标准。我们做用户留存分析主要是验证活动或功能优化是否达到既定的运营目标,进而做出下一步的产品决策。

3. 漏斗模型分析

漏斗模型分析是描述用户在使用产品过程中各个关键环节的用户转化率和流失率情况。比如在日常活动运营中,通过确定各个关键环节的流失率,分析用户如何流失、为什么流失、在哪里流失,找到需要改进的环节并重点关注,进而采取有效的措施提升整体转化率。

以邀请好友投资的漏斗模型为例,邀请人将活动专题页分享给好友,之后进行注册、认证、开户、充值到投资,用漏斗模型分析一些关键节点的转化率,如图3-25所示。其中,用户注册转化率为68%,实名认证转化率为45%,绑卡开户转化率为29%,线上充值转化率为17%,投资转化率为8%。

漏斗模型分析可以验证整个流程的设计是否合理。经过验证对比发现,访问到注册的转化率为68%,远低于预期的80%。这次运营策略是用户必须先注册才能领取新手福利。之后采取A/B测试的方式，优化为先领取新手福利再诱导用户注册。经过数据对比分析，注册转化率提升了20%。因此，通过对各环节相关转化率的比较，我们可以发现运营活动中哪些环节的转化率没有达到预期指标，从而发现问题所在，进而找到优化方向。

图3-25 邀请投资漏斗模型

4. 行为路径分析

行为路径分析是分析用户在产品使用过程中的访问路径。通过对行为路径分析，以及对页面多维度分析可以发现用户最常用的功能和使用路径，追踪用户转化路径，提升产品的用户体验。

不管是产品冷启动，还是日常活动营销，做行为路径分析首先要梳理用户的行为轨迹。用户行为轨迹指从产品认知、熟悉、试用、使用到忠诚。轨迹背后反映的是用户特征，这些特征对产品运营有重要的参考价值。

以用户投标行为路径为例，我们可以记录用户从注册、认证、开户、充值到投资的行为轨迹，如图3-26所示。通过分析用户的行为轨迹数据，验证访问路径细分维度指标是否和预期指标一致。

第3章 产品之"法"

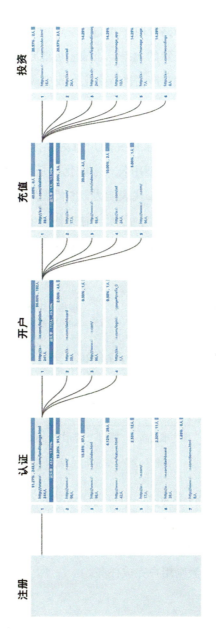

图3-26 用户投标行为路径

| 产品闭环 |

在分析用户行为路径时，我们会发现用户实际的行为路径与期望的行为路径有一定的偏差。该偏差可能是由于产品存在问题而导致的，需要及时对产品进行优化，找到减小偏差的路径。

5. 福格行为模型

福格行为模型是用来研究用户行为原因的分析模型，如图3-27所示。福格行为模型用公式来简化就是 B=MAT，其中 B 代表行为，M 代表动机，A 代表能力，T 代表触发器。福格行为模型认为要让一个行为发生，必须同时具备三个元素：动机、能力和触发器。我们可以借助福格行为模型评估产品的合理性和能否达到预期目标。

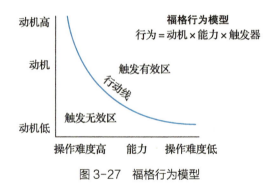

图 3-27　福格行为模型

以活动分享行为为例，用户完成活动分享的行为必须满足福格行为模型的三个元素。如表 3-9 所示，通过"邀请有奖"让用户有足够的内驱力自主向好友分享活动，且活动专题页有醒目的按钮和文案提示激励用户完成任务。

表 3-9 活动分享行为说明福格行为模型三要素

元素	说明	场景分析
动机	做出这一行为的原始动机	分享对用户而言有什么好处；产品的服务和质量是否足够好
能力	是否有条件完成分享活动动作	活动专题分享的路径是否过长；活动专题分享的操作是否简单
触发器	是什么触发用户做出分享行为	活动专题页"邀请"按钮是否醒目；用户操作能否意识到在进行分享操作

用户行为分析模型其实也是一种 AISAS 模型：Attention（注意）、Interest（兴趣）、Search（搜索）、Action（行动）、Share（分享），即代表用户从注册、认证、开户、充值到投资整个过程的表现，如图 3-28 所示。

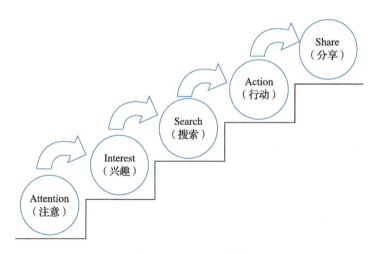

图 3-28 AISAS 模型

用户行为分析模型是一个完整的行为模型，可以对产品的功能进行验证；也是一个闭环的分析体系，可以对数据的结果进行分析。总而言之，用户行为分析的核心是洞察心理，分析的本质是挖掘需求，分析的目的是增长业务。

3.4 用户研究：用户画像分析

用户画像是根据用户特征、业务场景和用户行为等信息，构建一个标签化的用户模型。简而言之，用户画像是将典型用户信息标签化。

在金融领域，构建用户画像变得很重要。比如金融公司借助用户画像，采取垂直或精准营销的方式，了解客户、挖掘潜在客户、找到目标客户并进行转化。

以某理财平台智投产品做的投资返现活动为例，其通过建立用户画像，使运营成本大大降低。根据用户画像对用户进行分类筛选，再经过数据分析得知，出借人 A 的复投意愿概率为 45%，出借人 B 的复投意愿概率为 88%。为了提高平台的交易额，在没有建立用户画像前，我们可能会对出借人 A 和 B 实行同样的投资返现奖励，但根据数据分析结果，只需对出借人 B 进行投资，进而节约了运营成本。

此外，我们也可以根据用户画像的差异化分析针对性地改进与优化产品策略，进而实现个性化推荐，做到精细化运营。

对于产品经理而言，掌握用户画像的搭建方法，即了解用户画像架构，是在研究用户前必须要做的事情。用户画像架构包括：收集数据、行为建模和构建画像，如图 3-29 所示。

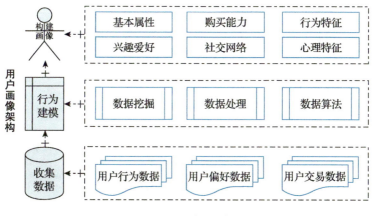

图 3-29 用户画像架构

3.4.1 收集数据

收集数据是用户画像架构中十分重要的一环。数据来源于网络，关键在于如何提取有效数据。此外，如何打通平台产品信息、引流渠道用户信息、收集用户实时数据等，都是产品经理需要思考的问题。

用户数据分为静态信息数据和动态信息数据。对于大多数公司而言，更多是根据系统自身的需求和用户的需求收集相关的数据。

收集的用户数据主要体现在用户行为数据、用户偏好数据、用户交易数据，如图 3-30 所示。以某跨境电商平台为例，收集的用户行为数据包括：活跃人数、页面浏览量（PV）、访问时长、浏览路径等；收集的用户偏好数据包括：登录网站、浏览/收藏内容、评论内容、互动内容、用户品牌偏好等；收集的用户交易数据包括：客单价、回头率、流失率、促销活动转化率和唤醒率等。收集到的用户数据便于有针对性、有目的性地对用户进行运营。

| 产品闭环 |

图 3-30 某跨境电商平台收集的用户数据

我们可以对收集的数据做分析，通过自定义标签或关键词匹配，让用户信息标签化。用户信息标签化有两种方式：一是建立标签库，利用系统自动给用户贴标签；二是定义用户维度，筛选数据后批量手动给用户贴标签。

标签是表达用户行为的数据标识，也是分析用户场景的关键字。基于用户行为，给特定的用户属性贴上标签，再结合运营策略匹配推荐规则，这样就可以通过标签一对一精准地向用户推送对应的产品信息。

比如系统根据用户浏览或购买电子产品的频率、时长与轨迹等维度，给用户贴上"电子发烧者"的标签，然后向用户静默推送与电子类相关性强的商品。

3.4.2 行为建模

行为建模是根据用户行为数据进行建模。通过对用户行为数据分析和计算，为用户贴上标签，并进行建模，即搭建用户画像标签体系。

标签建模主要是基于原始数据进行统计、分析和预测，从而得到事实标签、模型标签与预测标签，如图 3-31 所示。用户标签不再是单纯地靠技术与算法构建，而是要贴合业务场景。

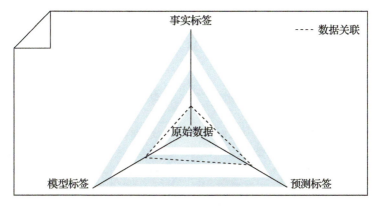

图 3-31　标签建模

标签建模是建立用户画像体系最核心的方法，已被广泛应用于搜索引擎、推荐系统、投放渠道和营销工具等。

以"今日头条"的文章推荐机制为例，通过机器分析提取输入的关键词，按关键词给文章、受众贴标签；接着内容投递冷启动，通过智能算法推荐，将文章标签和受众标签相匹配，把文章推送给对应的人，实现内容的精准分发。

图 3-32　"今日头条"标签云

3.4.3 构建画像

用户画像包含的内容并不完全固定，不同企业对于用户画像有着不同的理解和需求。行业和产品不同，企业所关注的特征也有不同，但主要关注点均体现在基本特征、社会特征、偏好特征、行为特征等方面，如图 3-33 所示。

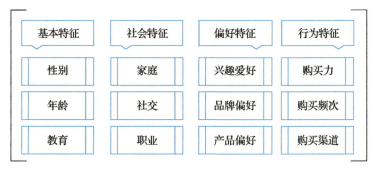

图 3-33 用户特征分析

用户画像的核心是为用户贴标签，即将用户的每个具体信息抽象成标签，利用标签将用户形象具体化，从而为用户提供有针对性的定制服务。

以李某的用户画像为例，我们将其年龄、性别、婚姻状态、职位、收入、资产标签化，基于用户数据建立数据仓库，基于用户特征建立标签系统，最终将其形象可视化，如图 3-34 所示。

其中，我们将 21~30 岁作为一个年龄段，薪资 20k～25k 作为一个收入范围，利用数据分析得到数据标签结果，最终满足业务需求，从而构建用户画像。此外，通过用户场景描述，挖掘用户痛点、了解用户动机、实现精准运营，达成产品推销目标。

图 3-34 李某用户画像

用户画像作为一种勾画用户目标、联系用户诉求与把握用户偏好的有效工具，被应用在精准营销、用户行为分析、数据挖掘、数据分析、产品决策等领域。

总而言之，用户画像的根本目的是寻找目标客户、优化产品设计、指导运营策略、分析业务场景和完善业务形态。

3.5 分析飞聊的用户行为动机

2019 年 5 月 20 日凌晨，字节跳动新推的"即时通信＋兴趣社交"应用软件——"飞聊"正式上线。飞聊实现的功能包括兴趣小组、生活动态、聊天互动、特效相机、心情贴纸等。飞聊的部分产品功能如图 3-35 所示。

飞聊上线后，各大自媒体争先报道，不少用户下载体验。遗憾的是，产品似乎没有达到大家的期望。

在很多人看来，飞聊功能多样复杂。深度体验后，它的产品属性让用户看到了多款社交产品的影子。如图 3-36 所示，从社交属性上看，飞聊像微信与微博的结合体；从内容属性上看，飞

| 产品闭环 |

聊像豆瓣与百度贴吧的结合体；从兴趣属性上看，飞聊像即刻与 QQ 兴趣部落的结合体。其实，这可能是飞聊在布局社交、兴趣、内容生态圈，打造产业链闭环。

图 3-35　飞聊的部分产品功能

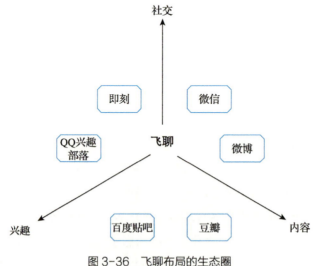

图 3-36　飞聊布局的生态圈

作为产品经理，在产品上线后，还要持续关注用户的反映，分析产品。产品经理分析产品的关键在于抓住用户使用产品的深层动机。至于如何抓住动机，这里推荐使用八角行为分析法，如图 3-37 所示。

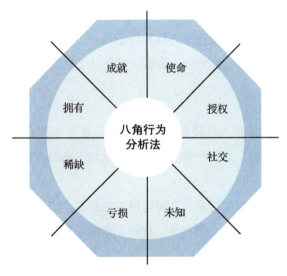

图 3-37　八角行为分析法

八角行为分析法由 Yu-kai Chou 提出，他认为几乎每款成功的游戏产品都受到某些核心驱动力的支撑，这些核心驱动力会影响产品经理一系列的决策与行为。最终，他总结出八大核心驱动力。八角行为分析法从八个角度阐述用户的行为动机，并解释用户行为与内在驱动力的联系，是一个不错的动机分析工具。

下面我用八角行为分析法分析一下飞聊产品，如图 3-38 所示。希望能给读者带来一些关于用户动机分析的启发。

| 产品闭环 |

1. 使命

使命是认清产品所扮演的角色和承担的责任,其意义比事情本身更重要,要让用户感受到产品的使命感。明确使命之后,产品经理要尽最大努力完成战略目标或实现产品价值。

飞聊将其使命定为"让兴趣相遇",这一点很好。比如帮助用户发现同好,连接拥有共同爱好的用户,让大家的生活变得更加丰富和有趣等,这部分一直是"兴趣社交"的一个痛点。

2. 成就

成就本身并不仅仅在于获得奖励,更在于用户自身人脉价值的物质映射,是用户在愿望与现实达到平衡时产生的一种心理感受。

在产品使用过程中,飞聊向用户提供基本资料认证、实名认证、大V认证、小金赞打赏、红包记录等功能。以红包为例,用户关注的不是抢到多少金额,而是抢红包过程产生的愉快的感觉。

3. 授权

授权能够驱使用户参与到产品使用中,在体验的同时注重体验的结果,及时地获得反馈。直白地说,就是通过授权机制,让用户获得超预期体验。

比如飞聊的存储聊天记录、绑定支付宝、创建群聊、创建小组等。以聊天记录云存储为例,在另一部手机上登录飞聊账号,也能看到历史聊天记录。

4. 拥有

用户在使用产品过程中，完成某项任务可享有激励策略，增强了用户的拥有感。当用户对某个产品产生拥有感时，自然会想提升拥有感。至此，占有欲成为主要驱动力。

飞聊通过让渡给用户免费使用和虚拟所有权，为用户提供体验机会，甚至加强过程体验，比如添加动态表情、心情贴纸、美颜功能、动态分享、拍视频、发图片、查看粉丝数等功能。比如聊天功能融合了语音文字输入；在拍照界面，前置摄像头默认开启美颜效果，视频通话默认开启美颜，并提供多种滤镜、贴纸、特效等。此外，头像支持自动添加心情贴纸。

5. 社交

社交影响与关联性是所有激励人们社交的因素的集合体，包括社交关系、关系网。但首要解决的问题就是好友关系链的迁移，只有这样才能沉淀用户，就像当初多闪从抖音获取流量，进而获得好友关系一样。

飞聊在社交关系上主导熟人社交和兴趣社交。除了可以通过搜索手机号和飞聊号、导入通讯录、扫一扫等方式添加好友外，也可以在兴趣群组中添加陌生人为好友。飞聊在关系网上不只局限于熟人，还打通了基于兴趣群组与社区的陌生人关系，但产品内部并未真正实现互动，因此很难真正实现好友链与社交圈的扩展延伸。

6. 稀缺

稀缺不是客观上的物质稀缺，而是一种稀缺心态，体现在产品的需求和稀有性。稀缺从某种程度上会刺激用户想方设法去获得，最直接的表现就是产品的价值不断攀升。

飞聊的发红包、小金赞、打赏、群内表扬、点赞、评论互动、身份匿名等，可提升用户的参与急迫感与投入度，也会让用户产生产品稀缺的心态。以身份匿名为例，用户在加入一个兴趣小组时，可以自定义昵称和头像，该机制很好地解决了使用真人头像带来的隐私问题。

7. 未知

未知是指对产品认知有一定的局限性，处于一种迷茫的状态。在产品使用过程中，对产品的好奇驱动用户参与任务，这就是未知与好奇心驱动力。

飞聊的认证体系，除了普通用户群体外，还邀请了一些蓝V认证或黄V认证的各行业领域创作者入驻，从而打通"头条系"内容，丰富内容呈现方式。在已知的边缘，通过内容探索社区未知的世界。

8. 亏损

面对正在消失的机会，我们不希望对自己有利的东西溜走，造成太高的沉没成本。从决策的角度看，当前决策要考虑的是未来可能产生的费用及所带来的收益，而不是考虑已产生的费用。

对于飞聊中出现失去好友、退出群聊、失去粉丝、删除动态等情况，我们可通过设定各种人设，以及一些运营策略去止损，从而触达用户的直接关注行为。

图 3-38 基于八角行为分析法分析飞聊

3.6 打造产品的用户体验闭环

不知从什么时候起,用户体验已经成了产品经理老生常谈的一个话题。比如提升用户体验、用户体验设计、用户至上、体验战略、体验原则与重视体验等。

用户体验是用户在使用产品过程中建立起来的一种纯主观感受,即用户在一个产品使用之前、使用期间和使用之后的全部感受,包括情感、喜好、认知、行为和成就等。

我所理解的用户体验是在产品使用过程中,用户所产生的真实感受,且产品与用户相互联系、相互影响,即站在用户立场,用同理心了解用户满意度,在产品认知过程中,形成体验闭环,如图 3-39 所示。

图 3-39　用户体验闭环

用户体验不能片面地认为是产品界面的视觉设计。产品设计过程中的用户体验,要以用户为中心,在交互设计上赋予产品更多的情感元素。此外,产品可以从以下 5 个层级:战略层、范围层、结构层、框架层与表现层来影响用户体验,如图 3-40 所示。

1. 战略层

战略层关键在于体现网站目标和用户需求,即我们首要凸显的是网站目标,且该目标是基于用户需求制定的。战略层包括产品的商业价值、市场现状、产品定位、用户痛点与项目风险等。

2. 范围层

范围层关键在于功能规格和内容说明,即我们要把网站目标和用户需求转变成向用户提供什么样的功能规格和内容需要。范围层包括产品的功能概述、功能性需求说明与非功能性需求说明等。

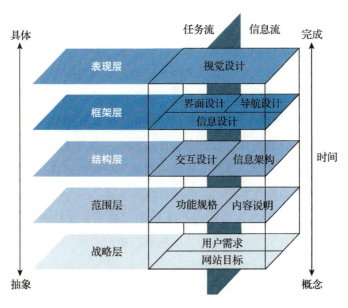

图 3-40　用户体验层级

3. 结构层

结构层关键在于交互设计与信息架构，即我们在收集完用户需求并进行优先级排序后，能对产品特性的交互设计和信息架构有一个初步的概念。结构层包括产品的产品结构、信息架构、低保真原型、用户操作流程与页面跳转流程等。

4. 框架层

框架层关键在于界面设计、导航设计和信息设计，即我们要更进一步地提炼概念结构，确定很详细的界面设计、导航设计和信息设计。框架层包括产品的信息设计、交互设计与页面细化等。

5. 表现层

表现层关键在于视觉设计，即我们把内容、功能和元素直观地呈现出来，这是产品最吸引用户注意力的地方。表现层包括产品的主色调、设计风格与高保真界面设计图等。

用户体验的5个层级从试用、能用、好用到爱用，将产品逐步从抽象细化到具体，是产品设计过程中一种有效的方法论。我们要做的就是一层一层向上递进，找到层级间的差异，衡量自身产品的不足与优化空间，并进行有效的改进。

有些金融产品在追求用户体验的过程中，容易走向两个极端：模仿别人，导致产品的功能相似；闭门造车，导致产品的设计很糟糕。这种现象在小微或初创公司，尤为突出。下面以某银行背景的理财平台为例进行说明。

- ❑ 一方面在实施阶段，企业多以吸纳性、移植性为主，即通过模仿同行的创新产品去设计与研发，缺少真正原创性的产品。打开App或官网，我们会发现产品功能惊人的相似。过度模仿会让产品丧失应有的"差异化"属性，功能没有核心，页面杂乱不堪，就像进了"城中村"一样。

- ❑ 另一方面为了提升产品的用户体验，企业喊出"人人都是产品经理"的口号。这种做法可能会将产品推向颠覆的边缘。那些自我感觉良好的设计和你所认为全面的功能，或许在给用户徒增负担，最后让用户为产品经理的错误买单。

体验一款产品,尤其新产品,是一件很快乐的事,如果体验产品让你感到痛苦,那么这款产品做得就比较差。好的用户体验是建立在对用户心理了解的基础上,让用户在愉悦、沉浸的状态下实现目标。

设计一款产品时,一定要建立在竞品差异化、用户行为精准化和用户体验情感化的基础上,挖掘产品的痛点和用户的刚需。以醒目药瓶为例,通过设计放大镜式的药瓶盖,解决了老年人因眼睛老花看不清小药瓶上的说明文而服错药的问题,如图3-41所示。产品是否好用和对用户是否友好才是产品经理应该关注的用户体验。

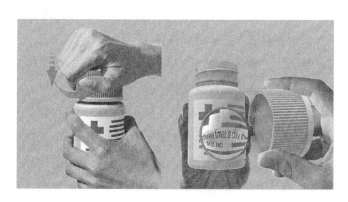

图3-41 醒目药瓶

醒目药瓶抓住了用户体验的触点,这个触点超出用户的预期价值,给用户带来意想不到的价值体验,有助于构建良好的用户体验,创造渐进式和颠覆式的体验链条,使用户变成忠实粉丝。

敏捷开发是产品迭代的必然趋势。对于大多数公司而言,因为业务拓展的需求，基本会走上多产品并行发展的路线。追求多产品之间的差异化固然重要，但设计的核心是用户体验。

用户体验要贯穿整个产品的使用过程，产品经理要通过用户体验影响用户决策进而达成既定指标。例如体验一款 App 的基本方流程如下。

- 首先，走一遍核心功能模块的使用流程，把能切换的、可进入的页面全打开，让功能在整体层级结构上形成一个树状图，并用思维导图工具记录。
- 其次，思考用该功能解决用户需求是否最优、功能可否替代或流程可否简化。
- 然后，列举产品满足了用户的哪些需求，思考还有哪些需求要在该产品中得到满足。
- 最后，了解产品的市场表现、业务形态、商业模式、运营策略、历史迭代路径等。

用户体验可以直观地表现产品价值和用户价值。我个人比较崇尚好用、简约的产品。对于一款产品，开始时每个人都可能是一名游客，随着对产品的了解，逐渐成为一名新注册用户；在使用过程中，发现产品能解决用户需求，并有不错的体验，然后对该产品的某项功能逐渐产生依赖，甚至开始关注设计这款产品的公司，并认同该公司的经营理念和价值观，成为忠实用户。慢慢地，你会考虑重复购买该公司的产品或服务，并向你身边的好友推荐。

好的产品不应该以牺牲用户体验为代价，业内常说，"业务复杂毁产品，流程受阻毁技术，体验差劲失用户"。总而言之，用户体验是产品的路标，产品经理要从用户画像和使用场景出发，做好一切用户体验的闭环。

3.7 后台系统：产品闭环设计"七步法"

后台系统设计是一块让产品经理头疼的硬骨头，因为它的业务复杂、数据庞大、逻辑缜密。做一个后台系统设计，任务从开始到结束，要形成一个全流程的闭环。后台系统设计全流程如图 3-42 所示。

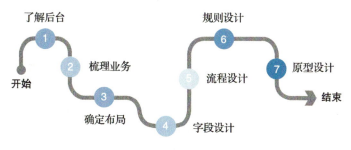

图 3-42　后台系统设计全流程

3.7.1　了解后台

在做后台系统的设计之前，我们先从硬币的三个面了解一下后台系统的特点，如图 3-43 所示。

- 从镜子正面看，后台系统可以减轻运营的压力，注重数据间的流转，侧重功能模块的实现。
- 从镜子反面看，后台系统设计风格过于单一，业务逻辑复杂，缺少对应的系统说明。
- 从镜子侧面看，后台系统数据处理准确有效，操作流程简单，简单好用。

后台系统是一个可以给用户分配某些权限（菜单级），对特定数据（数据级）进行增删改查导（功能级）的管理系统。

| 产品闭环 |

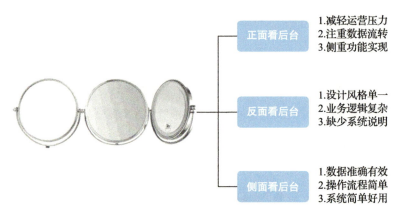

图 3-43　后台系统特点

业务系统信息流如图 3-44 所示。前端偏向用户（功能操作）查看信息、提交信息；后台侧重管理员（数据处理）创建信息、处理信息；而服务器（信息传递）主要是请求信息、响应信息。

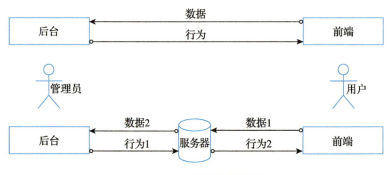

图 3-44　业务系统信息流

常见的后台系统包括：内容管理系统（CMS），企业管理系统（ERP）、客户关系管理系统（CRM）、商城管理系统（MMS）、办公自动化系统（OA）等。

一个好的后台系统包括以下特点：①系统目标明确：辅助用户自主完成任务，减轻运营压力；②用户需求明确：需求一般来自企业内部的领导、团队或业务部门；③注重运转效率：以功能实现为目的，注重提高系统各个环节的运转效率；④注重系统业务：以业务导向为目的，注重整个系统业务流程和相关模块的逻辑。

3.7.2 梳理业务

后台产品设计的关键是梳理业务逻辑。业务逻辑指业务层的逻辑，是整个系统层的逻辑。在设计上，我们要考虑如何让业务流更加完整，让工作流形成一个闭环。

对产品经理而言，梳理业务逻辑更多是改变自己的设计策略。从图3-45中可以看到，常见的梳理业务方式包括：需求分析、场景分析、架构设计、功能规划、UML建模、用户地图、用户画像等。

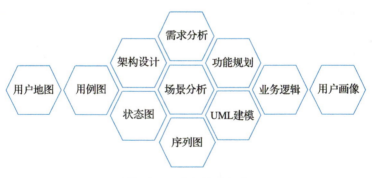

图3-45 业务梳理方式

后台系统设计一般采用需求驱动产品设计的方式，如图3-46所示。需求是业务驱动或技术驱动的核心。需求驱动产品设计是根据相关业务部门提出的需求，进行后台产品闭环设计。

| 产品闭环 |

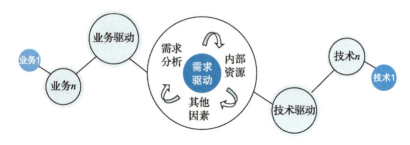

图 3-46 需求驱动产品设计

后台系统一般是供公司内部员工使用的,不同的业务部门会有不同的业务需求,不同的业务需求会有不同的业务场景。对于业务逻辑复杂的后台系统,越是需求场景多样化,越要做需求场景分析。我们可以根据需求池编写需求用例。

当收集到相关业务部门的需求后,我们首先对需求优先级排序,其次对需求进行拆解与分析,然后形成不同的功能规划,最后将需求体现在后台原型中。

此外,产品结构设计是梳理业务逻辑很重要的一部分。产品结构设计侧重基于功能构建产品的整体架构,主要是梳理产品框架和基本功能,一般会设计功能结构图、信息结构图、结构图。

3.7.3　确定布局

在后台系统设计之前,我们需要确定它的框架结构,以保证页面布局、排版形式的一致性。后台系统的标准布局为栅格设计,分辨率为 1440dpi×900dpi,如图 3-47 所示。栅格布局是最常用的设计方式,符合用户的操作习惯。

图 3-47　后台系统的标准布局

后台系统的结构主要包括三个部分：导航区域、功能区域、内容区域。导航区域分为单层级和多层级导航，包括 Logo、菜单栏。功能区域包括账户中心、消息通知、修改密码、安全退出。内容区域包括筛选条件、列表、分页、详情页等。

3.7.4　字段设计

字段设计是后台设计最基础的部分，也是数据结构中最重要的部分，能将一些抽象的业务或数据直观地表现出来。

字段设计分为三个步骤，包括汇总字段、处理字段、设计字段。字段设计要考虑的维度包括所属对象、类型、是否必填、来源、长度。常见的字段类型包括业务型字段、系统型字段、管理型字段、规则型字段。

以理财平台的标的为例，业务型字段包括标名、期限、利率、借款金额、还款方式等；系统型字段包括登记时间、审核人、审核时间等；管理型字段包括审核内容、日志信息、操作信息等；规则型字段包括满标时间、放款时间、放款状态等，如图 3-48 所示。

| 产品闭环 |

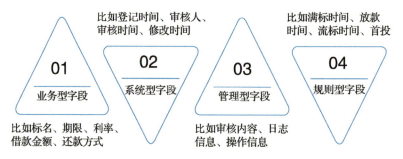

图 3-48　理财平台标的常见字段类型

3.7.5　流程设计

流程设计是梳理业务逻辑最好的方法之一。好的流程设计不仅让产品功能形成闭环，还会遵循用户的心理模型。此外，用户能感受到后台系统操作的简单高效。

流程设计是决定产品是否可用、易用的重要因素，同时也是一个产品经理逻辑分析能力高低的重要体现。

在产品从想法过渡到模型的阶段，流程设计以动作推进业务。流程设计描述的是完整的业务流程，可以梳理功能模块、业务逻辑与使用路径。常见的流程包括：业务流程、功能流程、操作流程、页面流程、数据流程等。

以标的登记审核流程为例，我们以泳道图的形式，设计 ERP 系统、后台系统和存管系统的业务流程，如图 3-49 所示。风控专员在 ERP 系统提交标的进件后，风控主管会在后台系统进行初审和复核，之后推送到存管系统进行终审，形成闭环标的登记审核流程。

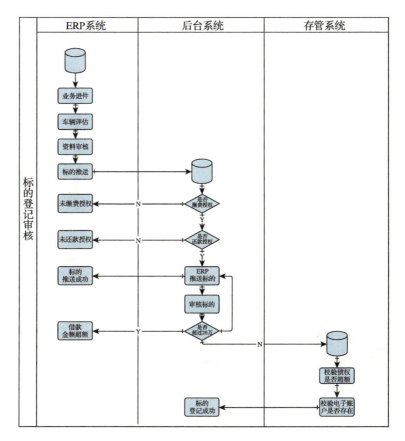

图 3-49 标的登记审核流程

3.7.6 规则设计

规则设计的目的是确保规则的业务表现和业务目标相匹配，根本作用是保证流程控制的合理性与数据验证的正确性。

业务规则描述了业务过程中重要的对象、关系和活动。业务规则包括操作角色、优先级、功能目标、前置条件等，如图 3-50 所示。

用例名称*	
用例编号*	
操作角色*	
优先级*	
功能目标*	
前置条件	

编号	名称	需求描述	备注

图 3-50　业务规则描述

对于业务规则来说，为了方便对规则的新增、变更与废弃进行跟踪管理，我们需做版本控制。以贷超产品 MVP 设计为例，我们将业务分为核心业务、业务支持和非业务部分，然后对业务规则进行清晰、明确、可量化的场景描述，并做好阶段反馈，从而形成一个最小可行性的产品闭环，如图 3-51 所示。

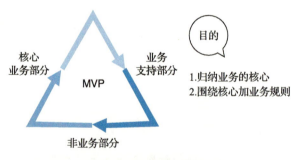

图 3-51　贷超产品 MVP

规则设计最有效的方式是建立规则引擎。规则引擎可以在不同的时间节点上触发业务规则，且能帮助我们在系统中有效地执行和管理规则。

3.7.7 原型设计

当清楚需求、流程和规则后,我们可通过 Axure 软件把想法转换成需求落地的原型,进一步验证需求可行性。

原型设计的目标是把规则的功能、流程展现出来,将需求转化为可以向需求方、开发人员和测试人员演示的样板,以便需求对称与问题沟通,确保用户需求、使用场景的合理性,从而推动产品迭代。

常见的原型设计方式有手绘原型、灰模原型、交互原型。产品经理一般是画低保真的手绘原型或灰模原型。

在项目立项阶段,手绘原型在初期验证想法时非常高效,也方便讨论,同时适合敏捷开发时快速出原型,如图 3-52 所示。手绘原型有助于带动思维,是最简单、快速地表现产品轮廓的方式之一。

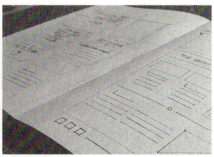

图 3-52 手绘原型

灰模原型可将产品需求以线框结构的方式展示出来,让需求和想法的展现更加直观,如图 3-53 所示。画灰模原型时,所有的元素除了组件自带的颜色,只用灰黑白表示。此外,我们要在软件需求中说明所有页面展示、功能状态和业务规则。

图 3-53　灰模原型

无论从 0 到 1 做后台,还是系统重构,后台系统设计是产品经理进阶必备的基本能力,既能逐步锻炼产品经理的设计逻辑思维,又能使产品经理快速了解公司的业务流程。

3.8　后台系统:基于 RBAC 模型的权限设计

对于业务复杂或数据庞大的系统,为了方便管理,后台系统一定要做权限设计。权限设计是针对后台系统的一个授权策略。直白地说,权限设计是根据公司的业务规则,对权限管理系统设计的安全策略。

后台权限类型一般分为功能权限、数据权限与菜单权限,如图 3-54 所示。功能权限控制当前账户可以操作的功能按钮,比如风控人员只能审核标的登记,不能发起进件申请。数据权限控制当前账户可以看到的数据范围，比如账户A只能看到分配到他（她）名下的出借人的投资数据。菜单权限控制当前账户可以看到的页面内容，比如催收人员只能看到案件逾期后流转到催收页面的内容。

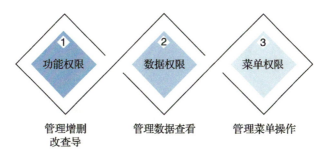

图3-54　后台权限类型

对于权限设计，关键是理清账户、权限、角色三者的关系，即给谁创建账号，分配什么角色，赋予何种权限。权限设计业务逻辑，如图3-55所示。

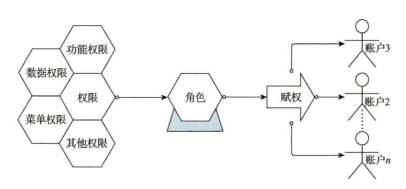

图3-55　权限设计业务逻辑

权限设计业务流侧重于记录流、工作流和操作流，如图3-56所示，本质是谁可以对什么进行怎样的操作，需要产生什么记录,即 who—where—how—what。其中,记录流主要理清账户、角色、数据的关系;工作流主要理清角色、内容、流程的关系;操作流主要理清业务、流程、数据的关系。

图 3-56 权限设计业务流

1. 需求背景

权限设计的首要问题是明确需求。权限设计牵涉后台系统底层架构的业务逻辑,在做后台系统之前,一定要对现有的权限控制和业务情况了解清楚,这样才能尽量避免犯错。

以某车贷风控系统为例,我们通过相关业务部门的反馈和当前权限系统的调研,发现该系统存在以下几点问题。

- ❑ 账户的权限归属不明确,导致进件的申请和审核操作为同一个人。
- ❑ 敏感数据没有做权限控制和脱敏处理,导致客户隐私数据被泄露。
- ❑ 角色的分类不合理,每个账户只能配置一个角色,导致工作组和流程节点比较复杂。
- ❑ 对所属团队的客户经理、团队经理和城市经理做三级维护关系,但人员调动和离职率较大,导致管理成本高。

在了解现有后台业务的背景后,我们可以借鉴钉钉的权限维护方式,改进后台管理系统的权限设计。

一方面收集权限需求,根据部门需求列一份权限清单。关于各功能模块的权限设置,完全可以根据《CRM操作权限申请表》的业务需求,进行灵活配置,如图3-57所示。

账户姓名:			工号:			岗位:			
区域/办事处:			联系电话:						
模块、功能	所需权限								
客户管理—客户	□查看	□新增/修改	□删除	□共享	□分配	□合并			
客户管理—客户联系人	□查看	□新增/修改	□删除						
商业机会—商机	□查看	□新增/修改	□删除	□共享	□分配	□阶段推进	□赢单/输单	□关闭	
活动管理—活动	□查看	□新增/修改	□删除	□批示					
报价管理—报价单	□查看	□新增/修改	□删除	□审核	□作废	□反作废			
合同管理—销售合同	□查看	□新增/修改	□删除	□作废	□反作废	□关闭/反关闭			
任务管理—任务	□查看	□新增/修改	□删除	□查看	□分配				
样品管理—样品申请单	□查看	□新增/修改	□删除	□审核	□作废	□反作废			
业务资料—竞争对手	□查看	□新增/修改	□删除						
服务管理—服务请求	□查看	□新增/修改	□删除	□分配	□处理	□作废	□反作废	□关闭/反关闭	
系统管理—职员组织架构	□查看	□维护							
系统管理—数据查询范围设置	□查看	□维护							
系统管理—员工异动交接	□查看	□新增	□打印						
市场信息—市场信息反馈单	□查看	□新增/修改	□删除						

图 3-57 CRM 操作权限申请

另一方面借助 UML 建模的用例图,将业务员和客户按账户功能等级进行管理,实现增删改查导,以便确认相关人员的操作权限,如图 3-58 所示。

2. 设计过程

明确需求后,就要选择合适的权限设计模型。做后台系统权限设计,我们可以借鉴一些控制模型。

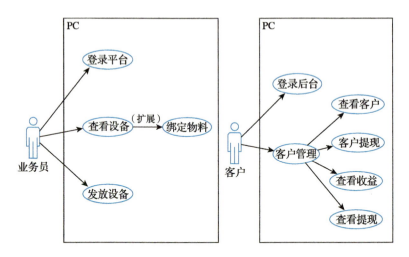

图 3-58 业务员和商户用例图

常见的权限设计控制模型有：自主访问控制（DAC）、强制访问控制（MAC）、访问控制列表（ACL）、基于角色的访问控制（RBAC）、基于任务和工作流的访问控制（TBAC）、基于任务和角色的访问控制（T-RBAC）、基于对象的访问控制（OBAC）、使用控制模型（UCON）、基于属性的访问控制（ABAC）等。

最常见的权限设计控制模型是 RBAC 模型。像业务复杂且功能庞大的某车贷风控系统，权限设计控制模型选择的就是 RBAC 模型（便于后续的扩展）。

图 3-59 所示为 RBAC 账户/角色/权限系统，即账户关联角色、角色关联权限，实现系统权限的灵活配置。在 RBAC 模型中，权限与角色相关联，账户通过成为对应角色的成员，得到该角色的权限。

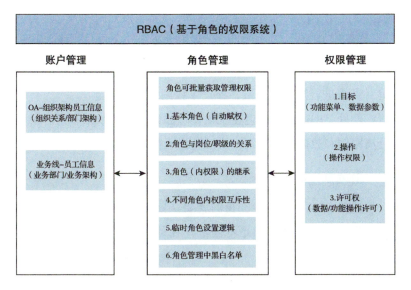

图 3-59 RBAC 账户/角色/权限系统

访问控制的核心是授权策略。在 RBAC 模型中，权限的拥有者（Who）、权限的资源（What）、具体的权限操作（How）构成了权限控制三要素，即权限的拥有者利用当前的资源，进行具体的相关权限操作，如图 3-60 所示。

图 3-60 权限控制三要素

根据权限设计的复杂程度，RBAC 模型可分为 RBAC0、

RBAC1、RBAC2、RBAC3。

RBAC模型包含账户（User）、资源（Resource）、操作（Operation）三个关键要素。通过将资源以及资源操作授权给账户，使账户获得对资源进行操作的权限，保证了权限分配的实施。

此外，RBAC模型遵循三条安全原则：最小权限原则、责任分离原则和数据抽象原则，从而简化了权限管理。

3. 实施过程

选择RBAC模型后，我们就要从账户、角色、权限三方面考虑实施过程，并要满足不同账户在使用过程中的不同权限需求，如图3-61所示。

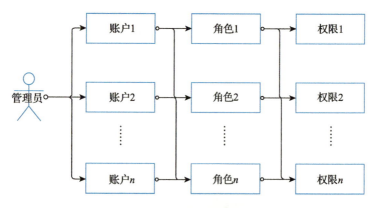

图3-61 账户/角色/权限对应关系

其中，账户和角色关联、角色和权限关联，且都是多对多的关系。我们可以借助UML类图了解三者之间的关系，如图3-62所示。

以某平台风控系统为例，我们要让风控人员A同时拥有访问标的和登记标的权限,只需在系统创建一个风控角色,赋予该角色对应的权限,然后在新增管理账户时勾选风控角色。

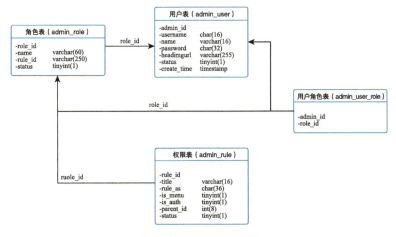

图 3-62　权限设计类图

4. 账户管理

账户管理的入口在系统管理模块,包括新增账户、编辑账户信息、删除账户、查看账户、查询账户,以及给账户分配角色。

账户管理是管理员最常用到的功能,相应字段一般是常用字段和特定字段。常用字段包括用户ID、手机号、姓名、角色、状态和注册时间等,如图3-63所示。特定字段是公司的业务需求,包括分配角色、登录时间、登录次数、访问IP、访问设备等。

管理员在新增账户时,通过给该账户分配角色,从而使该账户拥有相关权限。某系统新增账户页面如图3-64所示。RBAC模型就是通过给账户分配角色,进而取得角色的权限,这样就简化了账户权限分配流程。

| 产品闭环 |

图 3-63 账户管理中的常用字段

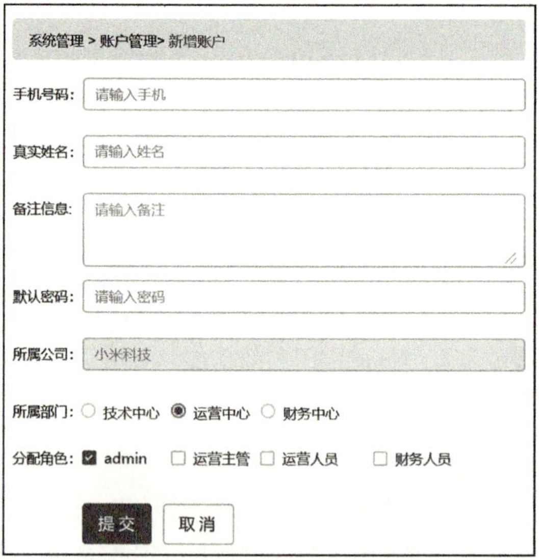

图 3-64 某系统新增账户页面

5. 角色管理

角色管理的入口位于系统管理模块,包括新增角色、编辑角色、删除角色、查看角色、查询角色，以及给角色分配权限。某系统角色管理页面如图 3-65 所示。

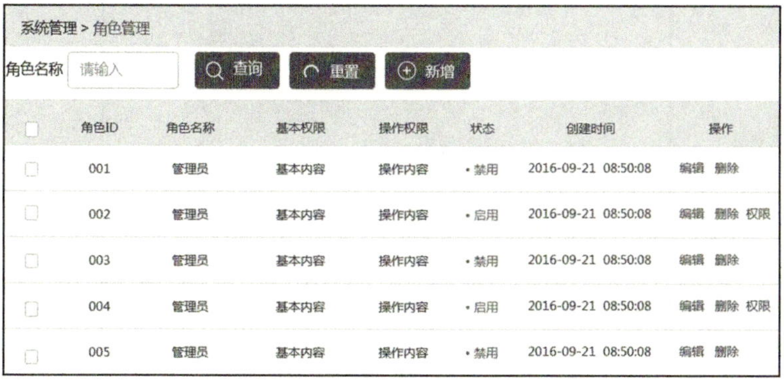
系统管理 > 角色管理
角色名称
请输入
查询
重置
新增
角色ID 角色名称 基本权限 操作权限 状态 创建时间 操作
001 管理员 基本内容 操作内容 • 禁用 2016-09-21 08:50:08 编辑 删除
002 管理员 基本内容 操作内容 • 启用 2016-09-21 08:50:08 编辑 删除 权限
003 管理员 基本内容 操作内容 • 禁用 2016-09-21 08:50:08 编辑 删除
004 管理员 基本内容 操作内容 • 启用 2016-09-21 08:50:08 编辑 删除 权限
005 管理员 基本内容 操作内容 • 禁用 2016-09-21 08:50:08 编辑 删除

图 3-65 某系统角色管理页面

角色管理用来管理公司内部账户的角色信息。一个复杂的后台会管理很多角色，比如管理员、运营人员、客服人员、财务人员、催收人员等。我们可以对具有共同特征的某一类人的身份进行归纳，从而为不同类账户赋予对应的角色权限。

管理员会根据公司的业务需要，新增对应的角色，并给该角色赋予对应的页面权限和操作权限。某系统新增角色页面如图 3-66 所示。角色是关联账户和权限的纽带，可以为账户赋予该角色所集成的相关权限。我们在权限拦截流程设计时，要根据给账户分配的角色填充菜单，只显示该角色可展示的菜单。

6. 权限管理

权限管理的入口在系统管理模块，包括新增权限、编辑权限、删除权限、查看权限，以及权限状态。某系统权限管理页面

| 产品闭环 |

如图 3-67 所示。

图 3-66　某系统新增角色页面

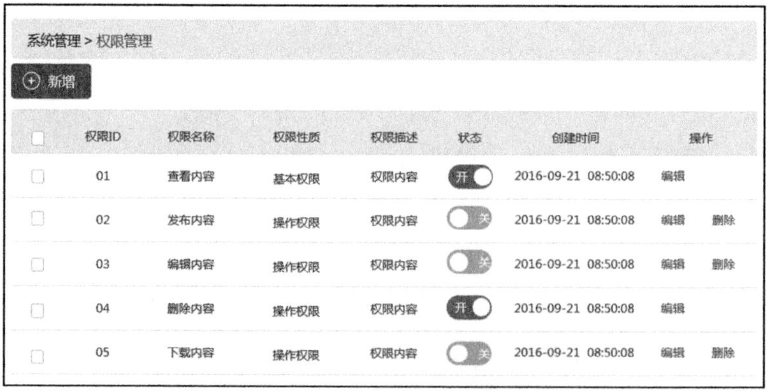

图 3-67　某系统权限管理页面

任何一个 B/S 系统或 C/S 系统都要设置权限管理。权限管理限制账户只能访问自己被授权的内容或数据。

管理员在新增权限时，会限定权限性质为基本权限或操作权限。某系统新增权限页面如图 3-68 所示。当账户没有操作权限时，单击"提交"按钮，系统会提示"无权限"，或者"操作权限"按钮置灰不可点击，也可以直接隐藏该"操作权限"按钮。

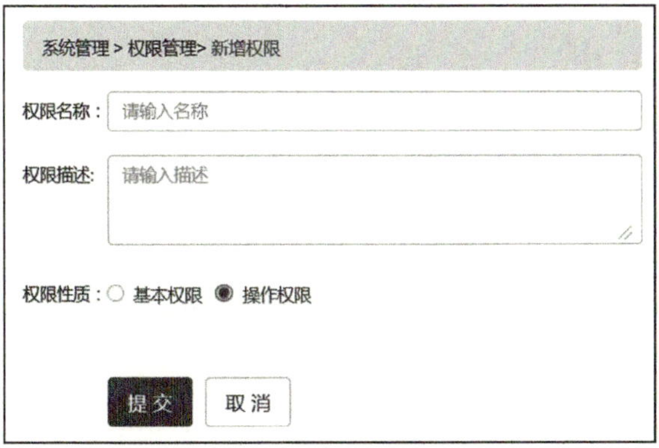

图 3-68　某系统新增权限页面

权限设计是后台系统必不可少的一个环节。基于 RBAC 模型的权限设计能支持业务复杂的权限控制，也能满足平台运营的安全策略，提高了权限管理的灵活性。

3.9　B 端产品形态的闭环设计

作为产品经理，一定要清楚产品的业务形态，这将帮助你分析和做好一款产品，避免以后陷入持续纠错的尴尬处境。

3.9.1　了解产品形态

产品形态是指能够解决用户需求，并明确产品定位，最终呈现在用户面前的产品状况。产品形态包括产品所传达的产业形态、业务形态和商业形态等。

产品形态作为传递产品信息的第一要素，侧重体现整个产品在战略层的业务逻辑。产品形态将具体的业务抽象成信息化、模块化、层次清晰的框架，就像是产品的一个蓝图，故也称作"产业地图"。

3.9.2 分析产品形态

产品形态是由产品定位决定的。明确产品定位后，我们就可以对产品形态进行分析，关键要分析由产品形态衍生而来的业务逻辑。

产品的业务逻辑是指关注用户、平台和渠道，以及三者间的流转关系。通过功能模块的组合、业务数据的流转，传递产品的业务流程。

业务逻辑决定了产品形态设计的架构，本质是重构业务形态。以汽车金融为例，产品架构可以划分为以下几种形式，包括互联网金融、消费金融、供应链金融、担保业务、融资租赁等，它是汽车业与金融业相互渗透的必然结果。

3.9.3 设计产品形态

产品形态一般是基于底层业务逻辑进行构建的，按功能层面可以以需求—业务—流程构建；按项目层面可以以架构图—功能点—子任务构建。直白地说，产品形态设计就是在业务层让产品的点、线、面设计形成闭环。

我们可以从产品中提取能够反映产品目标的形态要素，并通过设计满足用户需求。产品形态设计关键在于从业务层梳理清楚产品定位、产品形态、业务逻辑、业务流程之间的关系。产品形态所属关系如图 3-69 所示。

图 3-69　产品形态所属关系

以车镇电商平台为例，其产品形态如图 3-70 所示。在设计产品形态之前，我们先了解一下车镇的产品定位。车镇作为汽车 B2B 电商平台，以新车产业链中的资源为切入点，引入汽车经销商，为车商提供寻车和线上撮合交易服务，通过"车源+物流+汽车金融+供应链服务"的方式，打造汽车全新生态链。

从车镇的产品形态可知，消费者、寻车方（4S 店或经销商）、车源方（整车厂商）、资金方和车镇电商平台形成一个闭环。消费者要买车的时候，寻车方通过垫资采购在车镇平台发布寻车，车源方通过库存融资在车镇平台发布车源，最后通过资金方完成整个平台的交易。

明确车镇的产品形态后，我们借助产品逻辑来完整描述设计产品形态的一整套可实现的方法论集合。这里涉及的产品方法论是用模块化思维思考产品，是对思维过程抽象和建模的结果。产品逻辑是基于用户角色把产品形态提炼成业务逻辑。车镇产品逻辑如图 3-71 所示。

| 产品闭环 |

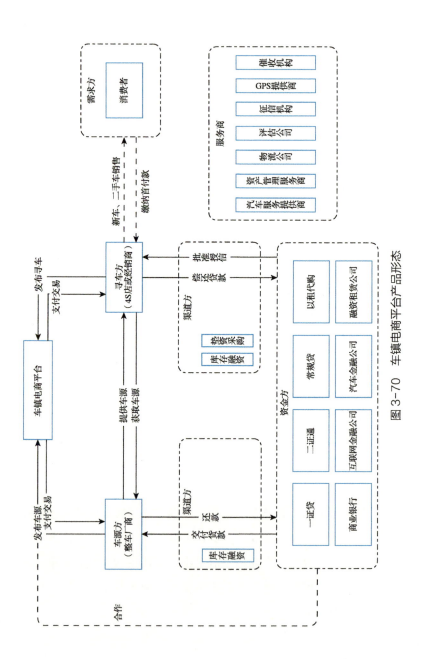

图3-70 车镇电商平台产品形态

图 3-71　车镇产品逻辑

业务逻辑是指总结从一个实体单元向另一个实体单元提供服务应具备的规则与流程。业务逻辑是基于使用场景把产品逻辑提炼成业务规则。以车镇的智能高效寻车服务为例，其业务逻辑如图 3-72 所示。

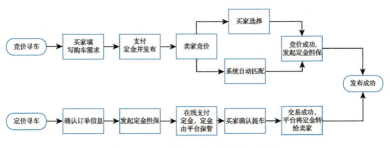

图 3-72　车镇寻车服务业务逻辑

从寻车的业务场景可知，车镇给下游车商提供寻车服务，并针对不同的需求推出竞价寻车和定价寻车等模式。其中，竞价寻车模式为买家交定金寻车，100% 准户；卖家以诚意金竞价，100% 实价；车镇客服全程跟踪，交易更高效。定价寻车模式为车商首创采购办法，买家定价采购，卖家抢单成交。

业务流程是将产品的业务逻辑流程化，并以图表的形式表达。梳理产品的业务流程可帮助产品经理了解业务是如何运转的，并基于业务场景完整还原现有的业务流程。以发布车源和寻车为例，我们按角色拆分的业务流程如图 3-73 所示。

| 产品闭环 |

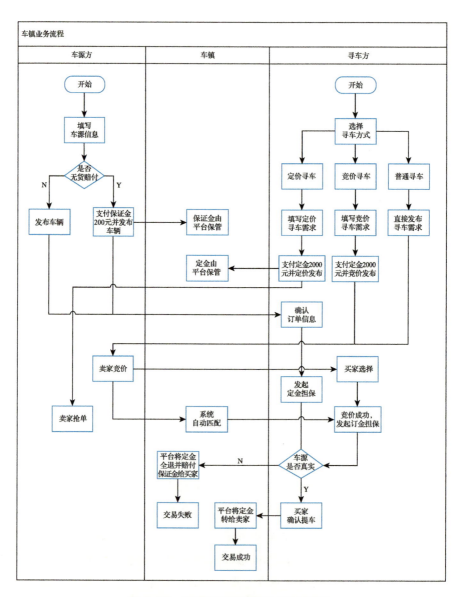

图 3-73 车镇发布车源和寻车业务流程

产品形态在整个产品生命周期进行演进,首先要明确产品定位,其次要打造最小可行性产品,然后发现用户的真正需求,最后快速迭代。这一切的关键就在于用产品思维、框架思维和逻辑思维设计产品形态。

基于业务闭环的产品形态设计,我们可以验证产品商业化的可行性,判断产品方向的一致性,明确用户需求的正确性。

3.10 区块链生态闭环尚未成熟

据麻省理工学院(MIT)的一项技术评估预测,区块链产业可能会在未来成为主流。未来区块链市场规模将会更大,进而逐步打造区块链领域的闭环生态圈。

区块链受到资本市场的追捧,很多企业都想做吃螃蟹的第一人。比如区块链赋能的交易所、商城、游戏、钱包、社交与资讯等平台,都在寻找自身业务和区块链快速融合的切入点,实现从互联网闭环到区块链闭环。

区块链是一个以区块为单位的链状数据块结构,形成去中心化且公共开放的分布式记账系统。区块链系统由数据层、网络层、共识层、激励层、合约层和应用层组成,架构如图 3-74 所示。

区块链本质上是一个去中心化的分布式账本数据库,重点是打造去中心化的生态闭环。区块链本身具有的去中心化、公开透明、不可篡改与更安全等特性,使得信息在传递的过程中避免了第三方平台的干扰,从而解决了交易过程中的信任和安全问题,推动区块链市场化。

| 产品闭环 |

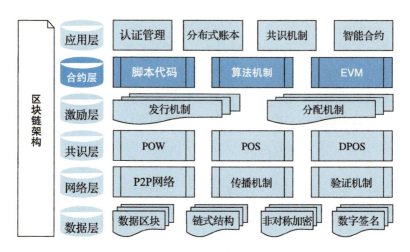

图 3-74 区块链架构

区块链的发展经历了区块链 1.0 的数字合约、区块链 2.0 的智能合约、区块链 3.0 的自治组织（DAO）和自治公司（DAC）。按准入机制划分，区块链分为：公有链、联盟链与私有链，如图 3-75 所示。

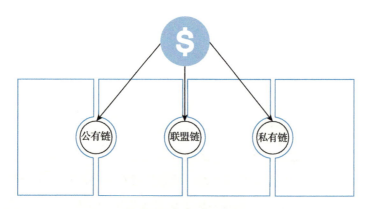

图 3-75 区块链分类

1. 公有链

公有链是任何人都可以通过交易或挖矿读取和写入数据的区块链，即任何个体或团体都可以发送交易，且获得该区块链对交易的有效确认。比如比特币（BTC）、以太坊（ETH）、商用分布式区块链操作系统（EOS）等。

2. 联盟链

联盟链是共识机制，即由若干机构共同控制的区块链，指定多个预选的节点为记账人，每个块的生成由所有的预选节点共同决定，其他接入节点只参与交易，不过问记账过程。比如 R3、蚂蚁区块链、平安"壹账链"、原本链、Hyperledger Fabric 等。

3. 私有链

私有链是写入权限仅面向某个组织或者特定少数对象的区块链，即仅个人或公司可以使用区块链的总账技术进行记账，且独享该区块链的写入权限。比如 MultiChain、摩根币（JPM Coin）等。

随着区块链技术的进一步成熟，其分布式数据存储、点对点传输、共识机制、加密算法等核心技术，将加快应用落地。目前，区块链主要应用领域包括：数字金融、物联网、智能制造、供应链管理、数字资产交易等，如图 3-76 所示。

在整个区块链行业中，区块链技术从应用到落地，是当下区块链发展的一个短板。区块链生态闭环目前还处于概念阶段，市场化还未成熟，主要有如下几个问题。

| 产品闭环 |

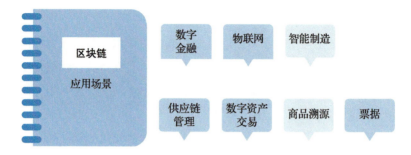

图 3-76　区块链主要应用场景

- ❏ 区块链无法解决从人到机器的信任问题。
- ❏ 利用数据库去处理一些价值低却高频的交易，但成本太高且低效。

近期，区块链技术已被作为推动产业创新发展的重要突破口，那些打着区块链幌子牟利的企业，终将被洗牌或淘汰。区块链是一个完整的闭环系统，将来很有可能引发产业革命。

3.11　撰写一份高质量的市场需求文档

市场需求文档（Market Requirements Document，MRD）是项目立项之后，产品进入实施阶段前，产品经理需要撰写的文档。文档是产品从商业目标到需求落地的关键转化文档，重点是要经得起数据验证和逻辑推敲。市场需求文档质量的高低，直接影响到产品项目的开展和商业目标的实现。

1. 文档说明

（1）修订记录

记录每个版本对市场需求文档新增或变更的修订人、修订日期和修订内容，方便日后对文档过程进行追踪，如表3-10所示。

表3-10 修订记录

版　本	修订人	修订日期	修订内容
V1.0	朱学敏	2017-10-24	初稿

（2）文档目的

撰写市场需求文档是为了帮助公司分析市场环境与对标竞品，验证是否还有市场机会，帮助相关业务部门更深入地了解市场，从而做出更准确的市场决策。

（3）文档概要

文档概要是对产品进行市场层面的说明，主要包括市场分析、用户分析、竞品分析、产品概述与总结等内容。

2. 市场分析

（1）当前市场问题

当前市场问题是指当前市场在各个环节遇到的问题，列举市场有哪些痛点未被解决。网贷市场的问题主要体现为如下几点。

- ❏ 成本高：大多数网贷平台从现金流角度来看，其实都是亏钱的，主要原因是运营成本高且坏账率高。
- ❏ 私设资金池：网贷平台私设资金池，对出借人的账户余额进行划拨与透支，或通过自融去做投资和扩展经营。若投资或经营不善，平台就会拿出借人的钱去借新还旧。若资金缺口无法收拢，财务风险失控，就会导致平台倒闭或跑路。

- 期限错配：该问题普遍存在于网贷平台，主要体现在"拆期限"。期限错配的根本原因是资金来源短期化、资金运用长期化，导致"短存长贷"的情况发生。
- 资金站岗：出借人在网贷平台的可支配金额暂时还未得到项目的稀释，没有可投标的项目，导致多余资金被闲置。
- 坏账率：网贷平台的坏账率普遍在 5%～10%，差一些的坏账率可能超过 15%，当坏账率超过平台获取收益的利差时，平台很可能面临亏损。

（2）当前市场机会

当前市场机会是指当前市场存在什么样的机会，通过市场调查和问题分析判断是否还有机会跨进该市场。网贷市场的机会主要体现在如下几点。

- 大数据风控：通过建立网贷风控模型设计风险管理体系。借助大量的金融数据，对用户借贷做决策分析，有助于贷前和贷后管理，同时对借款人进行风险控制和风险提示。
- 技术优势：网贷系统经过多年的更新迭代，系统建设良好，平台技术优势可转化为成本效率优势，比同行业的其他竞争对手有更强的技术实力以及研究与开发新产品的能力。
- 运营效率：运用平台有限的运营资源，在不断周转的过程中，获取更多的营业收入。
- 客户获取：未来的客户更喜欢线上理财，获客渠道没有地域限制，客户群体大，获客成本低，所有线上理财的客户都有可能发展为目标客户。

（3）目标市场分析

目标市场分析是指预估未来市场的整体特征与发展趋势，切入细分市场，了解细分市场有哪些难题和壁垒。通过对目标市场分析，为产品以后的发展指明道路。

根据华创云的数据分析可知，近三年，2017年网贷市场成交量突破28048亿元，环比增长35%；2018年网贷市场成交量降到17948亿元，环比下降65%；2019年网贷市场成交量跌至8710亿元，环比下降44%，如图3-77所示。

图3-77 网贷市场交易规模

受银监会《网络借贷信息中介机构业务活动管理暂行办法》的影响，很多平台的债权或业务模式不符合合规备案的要求。此外，大量平台面临入不敷出、资不抵债、投资人退出、借款人挤兑的困境，有资金链断裂或自融资金的风险，导致有些平台良性退出或恶性暴雷。

（4）目标市场总结

- 目前网贷市场低迷，面临布局金融生态圈的困局，不是进入网贷行业的好时期。
- 网贷成交量下降，保值性较低，要考虑适当收取撮合服务费，为平台增利创收。
- 降低平台运营成本，控制授信准入和债权逾期的风险，加大运营、风控和催收力度。
- 时常关注网贷市场动向，不要过度追求高收益理财产品，要综合考虑资金安全和平台风险等因素，谨慎购买。

3. 用户分析

（1）目标用户特征

细分用户群体：按不同维度对目标用户进行分解，对用户特征进行描述，把用户的共性和非共性找出来，从而确定产品的关注点和特征点。

当前某网贷平台的目标用户特征包括：年龄范围、出借经验、出借类型、家庭收入、出借目的、承受损失、出借品种、资产组合、价值波动、出借收益等，如表3-11所示。

表3-11 目标用户特征分析

用户特征	特征描述
年龄范围	29岁以下； 30~39岁； 40~49岁； 50~59岁； 60岁以上

(续)

用户特征	特征描述
出借期限	1年以下； 1~2年； 3~5年； 6~10年； 10年以上
出借类型	有出借过贵金属、外汇、期货、期权等风险高衍生品； 有出借过股票、股票型基金； 有购买过银行的理财产品、债券基金； 有购买过保本基金、货币基金（如余额宝）、信托等低风险产品； 只存银行的定期或活期
家庭收入	10万元以下； 10万~30万元； 30万~50万元； 50万~100万元； 100万元以上
出借目的	关心长期的高回报，能够接受短期的资产价值波动； 倾向长期的成长，较少关心短期的回报以及波动； 希望出借能获得一定的增值，同时获得波动适度的年回报； 只想确保资产的安全性，同时希望能够得到固定的收益； 希望利用出借以及出借所获得的收益在短期内购买大额产品
承受损失	能承受50%~80%的亏损； 能承受30%~50%的亏损； 能承受10%~30%的亏损； 最多只能承受10%的亏损； 我几乎不能承受任何亏损
出借品种	收益率在50%以上，同时本金也有可能亏损80%以上； 本金不保证，收益率在30%以内，同时本金也有可能亏损50%以内； 银行定期存款，收益率在3%左右
资产组合	低风险出借、一般风险出借、高风险出借的比例为5:15:80； 低风险出借、一般风险出借、高风险出借的比例为10:30:60； 低风险出借、一般风险出借、高风险出借的比例为30:40:30； 低风险出借、一般风险出借、高风险出借的比例为60:30:10； 低风险出借、一般风险出借、高风险出借的比例为80:15:5

（续）

用户特征	特征描述
价值波动	希望赚取最高回报，能接受 3 年以上的负面波动，包括损失本金； 希望赚取较高回报，能接受 3 年以上的负面波动； 寻求本金较高收益，可接受 3 年内的负面波动，回报显著高于定期存款利息； 保守出借，但愿意接受 2 年内少许负面波动，回报高于定期存款利息； 不希望出借本金承担风险，愿意接受回报大约与定期存款利息一样
出借收益	收益率在 50% 以上，同时本金也有可能亏损 80% 以上； 本金不保证，收益率在 30% 以内，同时本金也有可能亏损 50% 以内； 银行定期存款，收益率在 3% 左右

（2）建立用户画像

用户画像就是将典型用户特征标签化，即将用户信息、特征、行为构建成一个用户模型，如表 3-12 所示。

表 3-12　建立用户画像

用户 A 画像			
姓名：朱某	年龄：28	职业：产品经理	年收入：25 万元	婚况：已婚有子女
1. 平时工作忙，业余喜欢爬山、旅游和篮球； 2. 喜欢用同花顺玩股票，常常关注新浪财经； 3. 有按揭房贷，每月还 5000 元，已购 15 万元的私家车； 4. 习惯用信用卡和支付宝花呗消费； 5. 有两个子女，家庭和教育开支大			
网络设备	iPhone 6s、MacBook Air			
理财产品	股票、黄金、余额宝			
目标希望	希望钱能够灵活活用，资金安全性较高，但收益率比储蓄高			

（3）用户场景分析

用户场景分析是将用户标签的数据结果，通过用户场景描述出来，从中研究用户的同理心，了解用户动机，如表 3-13 所示。

表 3-13 用户场景分析

用户 A 场景
用户卡片：朱某，28 岁，产品经理，25 万元年收入，已婚，两个子女，每月 5000 元房贷，有 15 万元的车，有理财产品
场景一：获取
朱某在微信朋友圈得知朋友最近在出借一款理财产品，他以前对互联网金融产品只停留在股票、黄金和余额宝，当时只是看到注册送 588 元红包和 6.8% 加息，但并没有太在意，只是记下朋友推荐的平台，准备下班后回家网上查
场景二：初次使用
某天朱某炒股时看到自己投的股票大跌，感叹股市不振，自己亏损很多，突然想到朋友不久前推荐的理财平台，于是抱着试一试的心态，去注册、开户、充值、出借了一个新手标

（4）用户动机总结

用户动机总结是以用户为中心，结合当前的分析情况，对目标用户做一个总结，提炼出用户的痛点、现状，以及应对策略。

1）对于有理财需求的用户，性价比较高的网贷产品更能获得出借人青睐。

2）普及网贷知识，通过好友邀请机制打消用户顾虑，让用户对理财产品有一定了解。

3）通过红包返现、投资加息和较高收益的激励机制，促使用户使用理财产品。

4）新用户普遍认知度不高，平台可采取新手福利、制定操作指南的方式引导新用户。

4. 竞品分析

（1）竞品选择

此次竞品分析的对象，我们选择三种产品定位、商业模式类似的网贷产品，主要研究竞品的支持平台、产品特点、还款方式、产品优势、产品劣势，如表3-14所示。

表 3-14 竞品对比

竞品对比	A	B	C
支持平台	Web、App、H5	App、H5	Web、App、H5
产品特点	50元起投，年化利率8%~15%，借款期限1~36月，支持自动投标	100元起投，年化利率6.1%~10.8%，借款期限1~36月，支持自动投标	100元起投，年化利率8%~16%，借款期限1~36月，支持自动投标
还款方式	一次性还本付息，按月付息到期还本，按月等额本息还款	一次性还本付息，按月等额本息还款	一次性还本付息，按月付息到期还本，按月等额本息还款
产品优势	已上市，项目选择灵活	主推计划，项目数量选择灵活	收益较高，项目选择灵活
产品劣势	收益较低，产品体验流程复杂	收益低，PC端无法出借	期限长，产品体验流程复杂

（2）SWTO 分析

面对竞争日益激烈的网贷市场，某网贷平台的 SWTO 分析如表3-15所示。SWOT 分析可以帮助公司清晰地了解当前的状态，使其在网贷市场找准自身定位，并在此基础上做出商业决策。

表 3-15 某网贷平台 SWTO 分析

优势（S）	产品运营能力强、相对较高的历史年化、人性化服务和用户体验较好
劣势（W）	公司规模、注册资本、成交量完全不占优势
机会（O）	小平台可以借助技术和运营发挥它的差异化优势
挑战（T）	银行监管约束，同行竞争排挤，收益普遍减少，服务费和运营成本高

5. 产品概况

（1）产品定位

某产品为一个立足车贷市场的小额贷款平台，垂直细分汽车金融领域，为出借人和借款人提供信息撮合服务。

（2）产品目标

通过快速迭代，验证产品形态，找到产品核心功能；将线上理财的客户转化为平台的目标客户，努力争取10万种子用户；帮助出借人将手中的资金通过债权的形式，出借给有足值抵押物的优质借款人，并从中获得收益。

（3）产品形态

产品形态由产品定位决定。我们要关注用户、平台和渠道以及三者之间的交互关系，洞察整个产品在战略层的业务逻辑，最终呈现用户产业地图。某网贷平台的产品形态如图3-78所示。

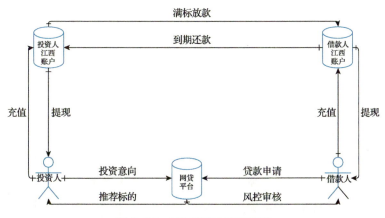

图3-78 某网贷平台产品形态

（4）产品结构

产品结构设计就是按照功能的从属关系，综合展示产品信息和功能逻辑。某网贷平台的产品结构如图 3-79 所示。

（5）产品规划

产品规划可更好地为版本迭代指明方向，方便我们明确每个版本的产品需求和各个阶段的里程碑，以便达到产品的最终目标。某网贷平台的产品规划如图 3-80 所示。

6. 总结

通过上述分析可知，在竞争日益激烈的网贷市场，某网贷平台一直坚持小额分散，践行普惠金融政策，采用金融创新模式，操作合规透明，致力于构建一个透明、诚信、共赢的金融信息服务平台，将会有很大的市场发展潜力。

我们以理论和案例结合的方式，说明了如何撰写市场需求文档。市场需求文档是产品经理进阶的必备技能，需要对某个产品业务或行业领域有很深的了解，才能使文档逻辑性强、分析合理、有数据论证。

特别强调一点，产品经理在写市场需求文档时，一定要有分析结论且别细化太多产品需求文档的内容。

3.12 案例：优信和瓜子二手车竞品分析

对于产品经理而言，做竞品分析就是从竞品的产品定位、目标用户、产品功能、商业模式和运营策略等维度，建立分析矩阵，并从矩阵中提炼所有有价值的信息；然后根据竞品的信息反馈和市场表现，及时调整自己的产品规划，并做好版本迭代，从而保持产品的竞争力。

第3章 产品之"法"

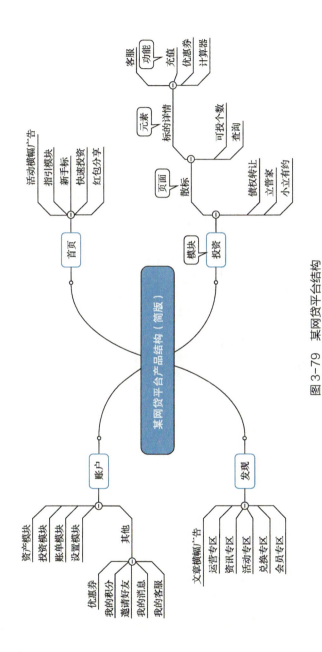

图3-79 某网贷平台结构

| 产品闭环 |

2018年	Q1		Q2			Q3			Q4		
	...	6月30日	7月	8月	9月	10月	11月	12月
App端-投资人		V1.0a 银行存管接口	V1.1a 发现页（积分商城、运营活动、签到、抽奖） 立品汇（会员体系、积分体系）		V1.2a 自动投标 风险评测和信用评级		V1.3a 竞品（情感化、精准化、差异化）	
H5端-借款人		V1.0b 银行存管接口	V1.1b 委托授权还款 代偿还款、提前还款			V1.2b 资产端		
PC端-后台		V1.0c 银行存管接口	V1.1c 银行接口查询			V1.2c 运营子系统、财务子系统		

图3-80 某网贷产品规划

3.12.1 分析目的

- 了解二手车市场动态及发展方向,分析竞争对手的产品功能和战略意图。
- 借鉴竞争对手的产品模式,规划好自己的产品线,避免走弯路。
- 了解不同竞品带给用户体验的差别,快速形成对新产品的初步认知。
- 根据竞争对手的情况,调整产品策略,以保持自身产品在市场中的稳定性。

3.12.2 行业分析

1. 市场现状

根据必达咨询统计的数据可知,2016年全国二手车交易量首次突破1000万辆,环比增长10.3%;2017年交易量突破1200万辆,预计2018年交易量能够突破1500万台,交易额将突破万亿元,如图3-81所示。其中,用户对二手车的接受度提高至54.8%,二手车与新车的交易量比例突破了1:3达到34.3%,整个二手车交易市场正在稳定增长。

2. 市场问题

我国的二手车市场起步晚,总体交易量偏低,地区发展不均衡。二手车市场问题主要体现在,以下几个方面。

- 市场环境不够自由,绝大部分是第三方撮合服务。
- 二手车流通信息不透明,买卖双方信息不对等。
- 二手车评估体系不健全,二手车技术检测不到位。
- 二手车服务保障措施不到位,售后纠纷频繁曝出。

图 3-81 二手车交易量

3. 市场机会

由于二手车满足了人们对多档次、多品种、低价位车的需求，所以为二手车交易提供了潜在的发展空间。二手车的市场机会主要体现在以下几个方面。

- 新车购置税恢复至10%将推动二手车成交量，购买二手车不需缴纳购置税。
- 庞大的基盘为二手车助力，购买群体不断增加。
- 金融助力二手车发展，低首付、低月供，多种金融方案供客户选择。
- 二手车在电视和互联网等媒体上投放了大量广告，影响客户的潜意识判断，从而增加信任感。

3.12.3 竞品选择

我们根据主要功能和目标用户选择竞品。本次竞品选择为优信二手车 iOS App V9.7.1、瓜子二手车 iOS App V4.5.1，如图 3-82

所示。以优信和瓜子二手车作为分析的竞品,主要原因是它们在二手车电商市场占有相当的比重,具有一定的代表性和竞争性。

图 3-82　优信二手车和瓜子二手车 App

3.12.4　竞品分析

竞品分析以战略层、范围层、结构层、框架层、表现层、商业模式和运营策略作为切入点,从用户、产品、商业三个维度对竞品进行评价。竞品分析内容框架如图 3-83 所示。

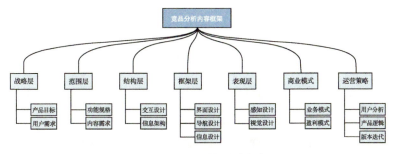

图 3-83　竞品分析内容框架

1. 战略层

战略层是对产品总体方向的把控，我们可以从产品定位和目标用户角度分析优信二手车和瓜子二手车的服务体系、主要业务、产品定位、电商模式、战略布局等，如表 3-16 所示。

表 3-16　竞品战略层对比

	优信二手车	瓜子二手车
成立时间	2015 年	2015 年
注册地	上海	北京
注册资金	20000 万美元	100 万元
融资阶段	A 轮、B 轮、C 轮、D 轮	A 轮、B 轮、B+ 轮、C 轮、D 轮
服务体系	全国联保、315 项排查、无重大事故损伤、15 大系统保修、30 天包退、1 年或 2 万公里保修	上门评估、交易撮合、陪同过户、售后保障、汽车金融、汽车保险、道路救援、维修保养、新车售卖
主要业务	买车、卖车、分期购、新车一成购	买车、卖车、瓜子服务、瓜子金融、毛豆新车
产品定位	专注于二手车零售服务的电商平台	没有中间商赚差价
目标用户	个人买家、个人车主、车商（经销商）	个人买家、个人车主
电商模式	B2C	C2C
战略布局	轻重结合 + 全国直购	二手车电商 + 新车租售

从产品定位来看，两款产品都是二手车电商平台，且致力于为买车和卖车提供信息撮合服务。从商业模式来看，优信二手车平台是 B2C 模式，瓜子二手车平台是 C2C 模式。从目标用户来看，优信二手车平台面向的是个人买家、车主、车商（经销商），瓜子二手车平台面向的则是个人买家和车主。

2. 范围层

范围层定义了产品的功能规格和内容需求。我们可以对核心功能进行对比,确认哪个功能解决了用户的什么需求,再针对每一项功能做深入分析,如表 3-17 所示。

表 3-17　竞品范围层对比

功　　能	优信二手车	瓜子二手车
注册	√	√
登录	√	√
搜索	√	√
消息	√	√
联系客服	√	√
预览车辆	√	√
足迹	√	×
列表布局	√	√
降价通知	×	√
车辆对比	√	√
检测视频	√	×
分享	√	√
提问	√	×
卖车记录	√	√
预约卖车	√	√
车辆估价	√	√
养护记录	×	√
推送通知	√	√

从表 3-17 中可以看出,两款产品具备的功能较多。优信二手车的功能充分迎合用户心理,但扩展性内容很少。瓜子二手车不断新增的个性化功能都是基于用户行为设定的,想法很好,但

| 产品闭环 |

需要做成精品功能。

3. 结构层

结构层包括产品的业务架构和信息架构,并在此基础上进行界面之间的布局,从而确定页面的层级和跳转关系。从用户体验的角度来看,我们应该用最少的弹出界面,让用户知道表达的内容。

优信二手车整体分为首页、买车、卖车、宝典和我的五大模块。其产品功能结构如图 3-84 所示。优信二手车整个产品结构庞大,功能众多,但分类不够清晰,有些功能入口隐藏得比较深。

瓜子二手车整体分为首页、买车、卖车、发现和我的五大模块,产品功能结构如图 3-85 所示。瓜子二手车整个产品结构精简而全面,没有冗余的功能,但增值服务比较少,很难留存用户。

从产品的功能结构图上能够看出,两款产品的信息架构大致相同;布局合理,大部分功能层级控制在三个以内;访问路径较浅,便于用户养成操作习惯,但内容重叠较多,有些细节需要改进。

4. 框架层

框架层侧重页面、导航和组件之间的交互设计。页面作为主要功能的点击入口,可以引导用户进行下一步操作。我们要从功能入口开始分析功能的主体,以便确定每一步操作下产品的缺点。

优信二手车主界面底部采用 5 个标签式交互框架,页面如图 3-86 所示。

第3章 产品之"法"

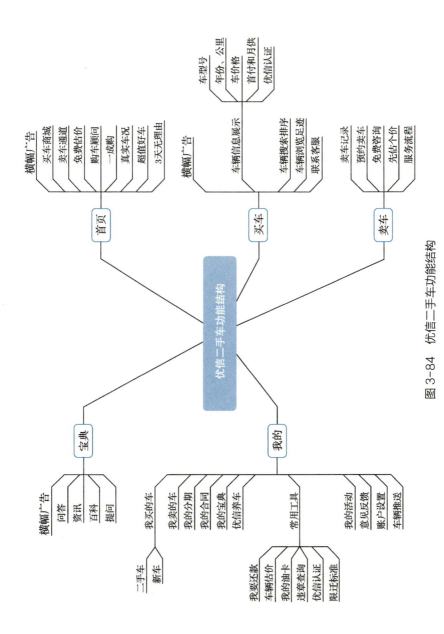

图3-84 优信二手车功能结构

| 产品闭环 |

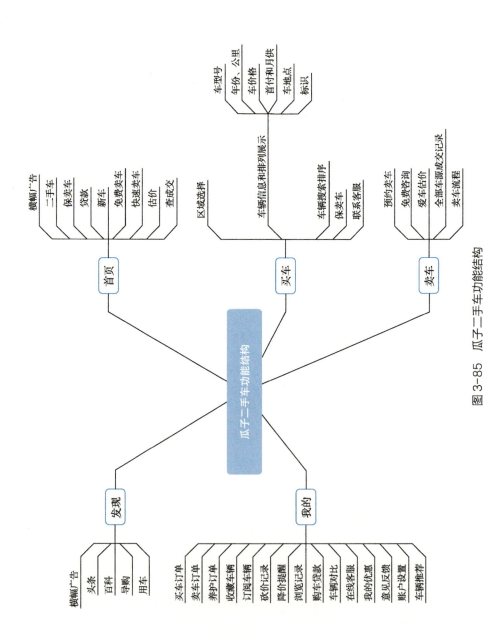

图 3-85 瓜子二手车功能结构

第3章 产品之"法"

图 3-86 优信二手车页面

瓜子二手车也是主界面底部采用 5 个标签式交互框架，页面显示买车相关内容，但比优信二手车多了一个线上预约申请的操作，如图 3-87 所示。

图 3-87 瓜子二手车页面

| 产品闭环 |

两款产品都采取了标签式的主界面交互框架，各入口清晰明确，重要入口直接展现车的相关信息。操作以点击和滑动为主，但操作过程缺乏引导性提示，且很多功能都跳转到相同页面，整体用户体验有待优化。

5. 表现层

表现层主要是视觉设计。优信二手车以橙色为主题色，以白色作为背景，以图片和与内容有关的文字作为图标，使得设计更加鲜艳与醒目，但主导航色彩太多，布局太乱，视觉体验较差，如图 3-88 所示。

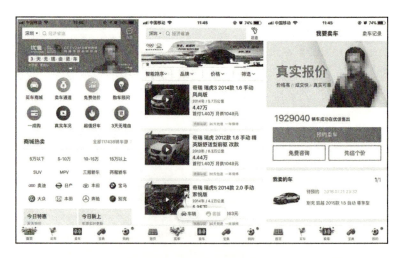

图 3-88　优信二手车视觉设计

瓜子二手车以绿色为主题色，以白色作为背景，以图片和与内容有关的文字作为图标，以角标标明重点，页面布局清晰干净，视觉上给人轻盈简约的感觉，如图 3-89 所示。

图 3-89 瓜子二手车视觉设计

两款产品均以主题色为主,界面设计风格统一,加上扁平化色块,整体设计比较友好,但内容排版过于繁杂,整体视觉层次不分明,元素搭配没有突出点。

3.12.5 商业模式

1. 盈利模式

优信二手车主要依靠车源信息,收取买车用户的服务费(车价的 8%,最低 3000 元)、1800 元的 GPS 费或 1000 元平台服务费以及广告来盈利。瓜子二手车盈利则主要依靠向买车用户收取服务费(车价的 8%,最低 2500 元),并从提供的分期贷款服务中获取利息来盈利。

| 产品闭环

2. 业务模式

结合图 3-90 可知，优信二手车采用"轻重结合＋全国直购"、提供 B2C 撮合式的业务模式，为经销商（车商）和个人买家提供车源中介服务。瓜子二手车采用"二手车电商＋新车租售"、提供 C2C 寄售式的业务模式，为个人车主和个人买家提供车源中介服务。

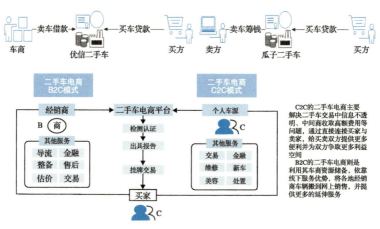

图 3-90　二手车电商业务模式

3.12.6　运营策略

1. 用户分析

结合图 3-91 可知，优信二手车月度独立设备数 190 万辆，环比增幅 10.2%；瓜子二手车月度独立设备数 395 万辆，环比增幅 0.4%。瓜子二手车月活跃用户数比优信二手车更多。

第3章 产品之"法"

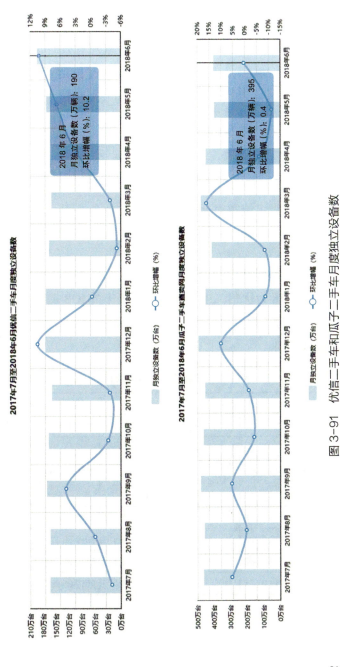

图3-91 优信二手车和瓜子二手车月度独立设备数

| 产品闭环 |

结合图 3-92 可知,优信二手车月度总有效时长 54 万小时,环比增幅 4.0%;瓜子二手车月度总有效时长 221 万小时,环比增幅 15.9%。瓜子二手车月度总有效时长比优信二手车更长,用户黏性更强。

2. 产品逻辑

以优信二手车和瓜子二手车的买车和卖车业务流程为例,图 3-93 只做主流程对比,不细化具体业务流程,主要验证功能的可行性。

3. 版本迭代

表 3-18 为优信二手车和瓜子二手车的 iOS 端近半年的迭代情况。通过了解竞品主要功能的迭代路径,为自身产品的规划提供参考依据。

表 3-18　优信二手车和瓜子二手车的 iOS 端历史版本迭代

优信二手车			瓜子二手车		
软件版本	更新日期	更新内容	软件版本	更新日期	更新内容
10.9.0	2019-05-31	1. 首页全新改版,新增优信头条; 2. 优化问答、购物车和登录功能	5.5.1	2019-06-26	1. 瓜子车主版全新上线; 2. 看车视频加入新玩法
10.8.5	2019-04-28	……	5.5.0	2019-06-21	……
10.8.0	2019-04-04	……	5.4.5	2019-06-17	……
10.7.0	2019-03-08	……	5.4.1	2019-06-10	……
10.6.0	2019-01-25	……	5.4.0	2019-06-08	……

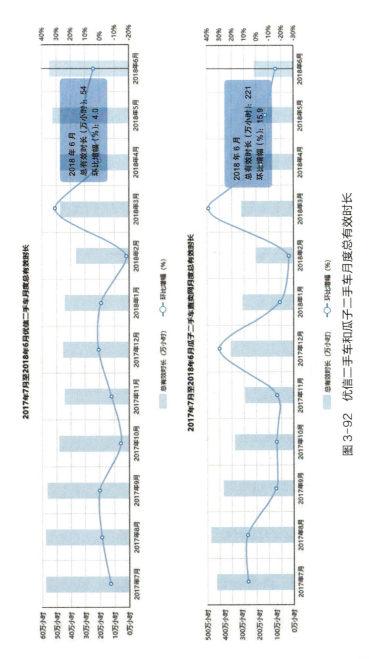

图 3-92 优信二手车和瓜子二手车月度总有效时长

| 产品闭环 |

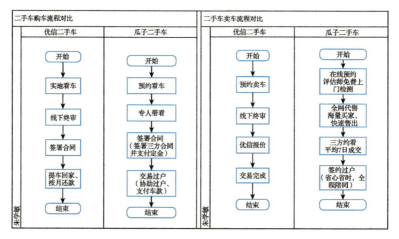

图 3-93 二手车买卖流程对比

3.12.7 分析总结

1）作为二手车市场的头部平台，优信和瓜子二手车除了产品定位和商业模式有一定区别外，整体的业务形态基本类似。

2）中国二手车市场经历了探索期和启动期，目前已进入发展期，二手车市场竞争格局趋于稳定。

3）未来二手车市场仍充满各种各样的机会，我们可以对标竞品，布局二手车电商市场。

4）了解竞品的优势和不足，结合自有产品的现状，在目标用户、产品规划和商业模式上提出改进方案。

3.13 案例：B 端优信二手车产品调研

产品调研就是去研究已有产品的市场情况、行业现状、业务模式、核心逻辑、用户规模等，通过调研设计 MVP 产品，或给假设提供参考思路，从而有效地把握市场机会并制定产品策略。

以优信二手车为例讲一下产品调研，其根本结构还是为谁研究产品，通过什么方法解决什么问题，即验证我们的想法是否与市场相符合，用户是否有这样的需求。

1. 调研概述

（1）调研对象

优信二手车于 2015 年 3 月上线，是专注于二手车零售服务的电商平台，既包含为车商提供服务的 B2B 业务，又包含面对个人消费者的 B2C 业务。它利用互联网与移动互联网技术，以及在二手车行业多年来的专业经验积累，增加二手车交易在消费者心中的透明度，为消费者提供二手车整个购买环节相关的咨询、购买及售后等服务。

（2）调研背景

中国二手车电商市场横跨 B 端和 C 端，构建起以汽车为核心的交易模式，主要包括 B2B、B2C、C2C 三种业务模式。在 2018 年的二手车市场中，B2B 市场交易占比 37%，B2C 市场交易占比 31%，C2C 市场交易占比 32%。之所以选择 B 端优信二手车作为调研对象，主要包括以下原因。

- ❑ 优信二手车在 B2C 市场占有比较高的份额，商业模式成熟，运营策略完善，具有一定的代表性。
- ❑ 优信二手车采用 B2C 撮合式的运营模式，与我司二手车分期购模式相似，具有一定的参考性。

（3）调研目的
- 通过市场调研了解优信二手车的商业模式、产品形态与产品功能。
- 通过竞品分析完善自身平台二手车分期项目的产品规划与需求分析。

2. 市场分析

（1）搜索指数

结合图3-94可知，总览近30天的优信二手车搜索指数，整体搜索指数日均值为32935，移动搜索指数日均值为31552；整体搜索指数同比增长18%，环比降低8%，移动搜索指数同比增长66%，环比降低9%。其中，日均值是指一段时间内搜索指数日平均值；同比是指与去年同期的变化率；环比是指与上一个相邻时间段的变化率。搜索指数反映了互联网用户对优信二手车关注程度及持续变化情况。

（2）需求图谱

通过分析用户在搜索"优信二手车"前后的行为变化，发现用户在搜索"优信二手车"时，也会搜索"瓜子二手车""人人车二手车"等，且其与中心检索词需求的相关程度更高，如图3-95所示。

（3）人群属性

结合图3-96可知，2018年6月优信二手车用户人群属性年龄分布中，35.84%的用户集中在31～35岁，21.14%的用户集中在36～40岁，19.07%的用户集中在41岁及以上，14.84%的用户集中在25～30岁。用户性别中，男性占67.8%，女性占32.2%，男性远高于女性。

第3章 产品之"法"

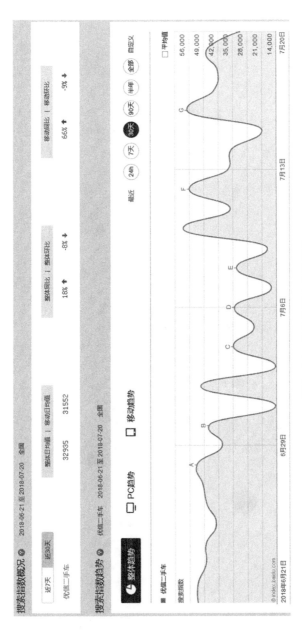

图3-94 优信二手车搜索指数

| 产品闭环 |

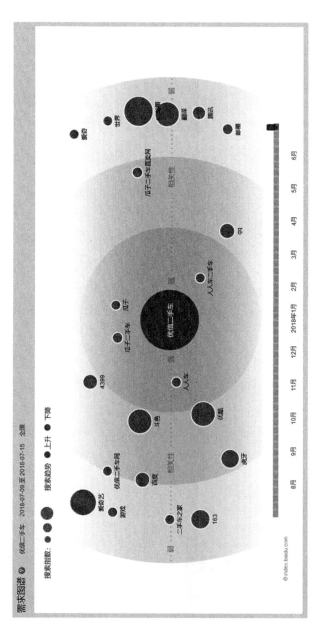

图 3-95 优信二手车需求图谱

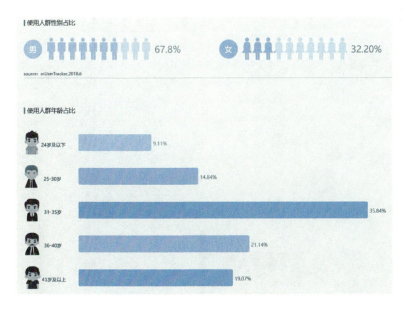

图 3-96　优信二手车人群属性

（4）移动端活跃数

结合图 3-97 可知，2018 年 6 月优信二手车的月度独立设备数约 190 万台，环比增幅 10.2%；日均独立设备数约 17 万台，环比增幅 16%；月度总有效时长约 54 万小时，环比增幅 4%。

（5）综合影响力

结合图 3-98 可知，优信二手车电商平台在创新能力、用户竞争力和运营效率的综合影响力评估上，得分为 42 分（总分 45 分），整体排名第二。分析原因，其平台资源占有更大的优势，且商业生态圈布局较好。

| 产品闭环 |

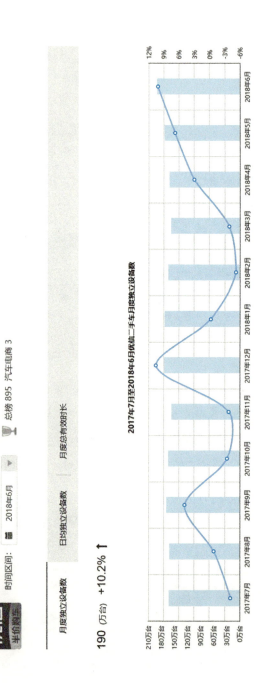

图3-97 优信二手车移动端活跃用户

第3章 产品之"法"

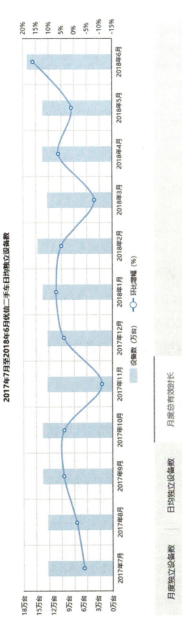

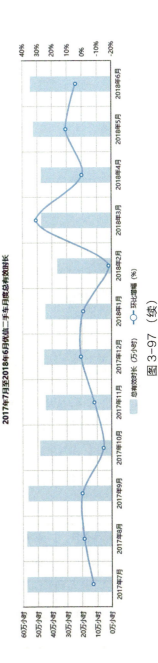

图3-97（续）

衡量指标	创新能力		用户竞争力				运营效率			总分（45分）	排行
	生态建设	平台资源	活跃用户		用户评价		转化率	车源量	服务质量		
			用户活跃数	用户粘性	用户好评率	用户体验					
权重	5	5	5	5	5	5	5	5	5		
人人车	4.8	4.7	4.6	4.8	4.9	4.8	4.8	4.8	4.9	43.1	1
优信二手车	4.7	4.8	4.6	4.6	4.6	4.6	4.7	4.6	4.7	42.0	2
瓜子二手车	4.5	4.6	4.8	4.7	4.6	4.7	4.7	4.7	4.6	41.9	3

图 3-98　二手车电商综合影响力

3. 产品分析

（1）产品形态

优信二手车是专注于二手车零售服务的电商平台。在新零售时代，优信二手车推出"全国直购"模式，以用户需求为导向、以新技术为手段，整合线上线下资源，凭借在交易门槛、服务保障等方面落实具体的工作，为用户提供全新的购车体验。

（2）功能结构

优信二手车功能结构如图 3-99 所示。

（3）版本迭代

优信二手车的版本迭代如表 3-19 所示。

表 3-19　优信二手车历史版本迭代

版本号	更新日期	更新说明
9.7.1	2018-06-20	0 元赢车，新增车况描述，包括车辆使用年限、车款车型卡片
9.6.0	2018-05-30	首页新增特色导航，个性化推荐专栏，想你所想，精准找车更便捷 全新升级客服体验，卡片式信息呈现，自由看车，轻松高效

（续）

版本号	更新日期	更新说明
9.4.0	2018-05-02	品牌特色升级、配置亮点更新、超值车辆优化、车辆参数及标准配置详情
9.3.3	2018-04-16	检测视频全新升级、消息中心改版、卖车服务升级
9.2.1	2018-02-14	直购特惠升级、专家顾问、车源真实、车况真实、价格真实优化
9.0.2	2018-02-01	预约看车、车辆检测、智能选车、体验优化
9.0.0	2018-01-09	车况真实、车价真实、车源真实、首页升级

（4）业务流程

1）购车主流程

优信二手车购车业务主流程如图 3-100 所示。

2）卖车主流程

优信二手车卖车业务主流程如图 3-101 所示。

3）整体业务流程

优信二手车买卖车业务主流程如图 3-102 所示。

（5）分期费用

在优信二手车平台买车，用户可以申请付一部分款，剩余部分分期还款。结合表 3-20 可知，首付金额为总车款的 10%～50%，即可把车提回家。还款有月供和无月供两种方案，无月供两年后一次性还清；有月供可选择两年期和三年期的方案，最长四年还清。分期购车方案的利息根据还款方式不同而有所区别：无月供的年费率是 12.60%，低首付两年期年利率是 6.60%，三年期年利率的是 6.25%；低月供两年期年利率是 11.00%，三年期年利率是 9.50%。车辆的利息是按照车辆融资额进行计算的，首付款已经包含利息。

| 产品闭环 |

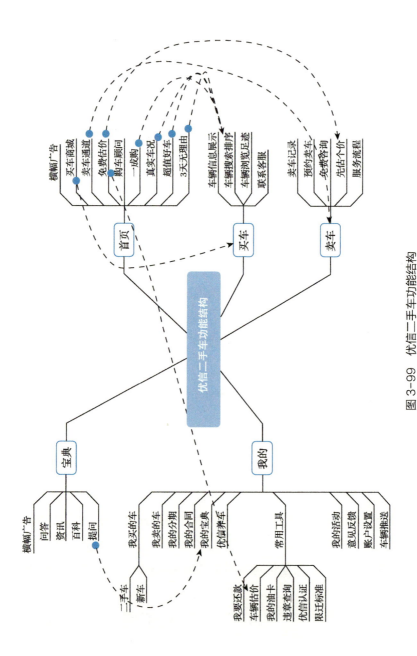

图 3-99 优信二手车功能结构

第3章 产品之"法"

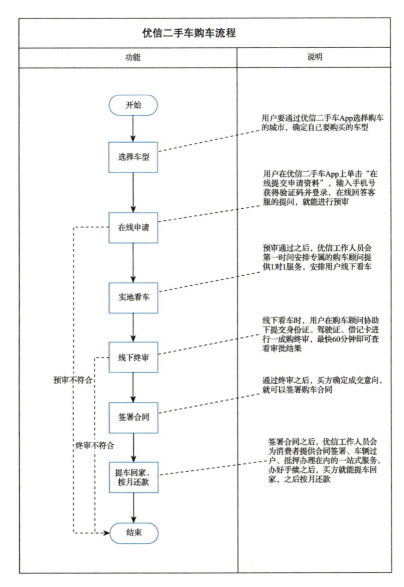

图 3-100 优信二手车购车业务主流程

| 产品闭环 |

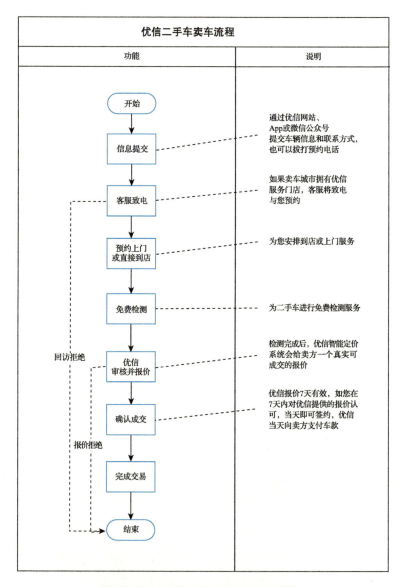

图 3-101 优信二手车卖车业务主流程

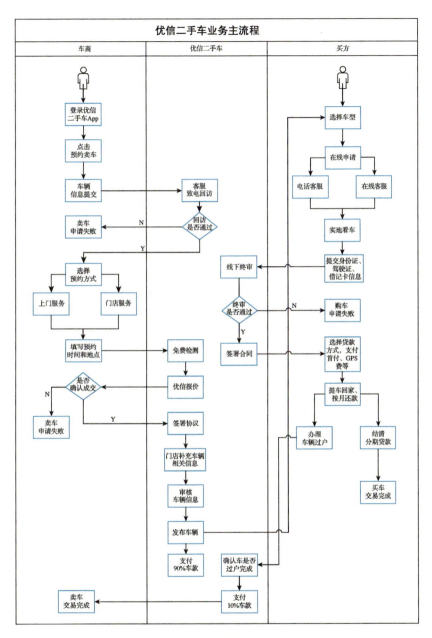

图 3-102 优信二手车买卖车业务主流程

表 3-20　优信二手车产品分期费用

首付款与总车款比例	有无月供	年利率	贷款期限	还款方式	GPS 费用
10%~50%	无	12.60%	24 期	一次性还清	全款 8 万元及以上的车，平台收取 1800 元 GPS 费用，否则收取 1000 元平台服务费
10%	有	6.60%	24 期	等额本息	
10%	有	6.25%	36 期	等额本息	
50%	有	11.00%	24 期	等额本息	
50%	有	9.50%	36 期	等额本息	

（6）用户分析

1）用户画像

用户画像的建立如表 3-21 所示。

表 3-21　建立用户画像

用户画像 1			
姓名：张某	年龄：25	职业：Java 开发	月收入：8000 元	婚况：未婚有对象
平时工作忙，业余喜欢旅游； 在外和女朋友租房住，"月光族"； 日常开支喜欢用信用卡、借呗			
网络设备	iPhone6s		
目标希望	想自驾游，希望分期付款买一辆二手车		
用户画像 2			
姓名：李某	年龄：38	职业：销售主管	月收入：14000 元	婚况：已婚有子女
平时应酬多，业余要带孩子； 在老家有按揭住房，日常开支大； 家庭开支习惯用现金、信用卡、花呗			
网络设备	小米 2s、笔记本电脑		
目标希望	方便跑业务，希望攒够钱买一辆二手车		

2)场景分析

用户场景分析如表 3-22 所示。

表 3-22　用户场景分析

场景分析 1
用户卡片：张某，25 岁，Java 开发，8000 元月收入，未婚有对象，平时租房住
场景一：获取
张某因为平时工作加班太累，想趁着周末出去旅游放松一下，但因为自己没有车，每次都只能去交通方便且比较近的几个城市。女友觉得游玩转车太麻烦，建议他买一辆车，因为自己工作才一年多，没有多少积蓄，不敢买车，所以只是口头上说到时候看看市场车价再定
场景二：初次使用
某天在朋友的推荐下，得知买二手车有优惠还可以分期，于是抱着试一下的心态到二手车平台申请了二手车分期购
场景分析 2
用户卡片：李某，38 岁，销售主管，14000 元月收入，已婚有子女，有按揭住房，平时应酬多
场景一：获取
李某因为工作原因每天都要在外跑业务，经常要挤地铁和公交，有时和客户谈业务要应酬，太晚还没车回家，感觉长期跑业务，没有车也不是办法，准备忙完后上网查
场景二：初次使用
周末出去亲子游，回来时没有打到车，只能挤公交，心疼老婆和孩子挤公交太辛苦，便决定买一辆车。本来打算全款买车，但怕急用钱，加上要支付高额购置税，于是选择了二手车分期购

3)访问路径

用户的访问路径如表 3-23 所示。

表 3-23 用户访问路径

用 户	场 景	需 求
买方	平台车辆商品种类太多,不知道选哪辆	车辆搜索
	有买车意愿,但不知道买车流程	联系客服
	看到有喜欢的车想关注一下,下次再来看	车辆收藏
	中意多款车辆,但不知道哪款车辆性价比高	车辆对比
	突然决定买之前的某款车,但忘了具体是哪款	浏览足迹
	决定买车但钱不够,无法全款购车	分期购车
车商	急需用钱,但有闲置车辆	预约卖车
	想卖车不知道卖车流程	联系客服
	想卖车但不知车辆值多少钱	车辆估价
	有多辆车售卖,但不知道是否卖出	卖车记录

4. 商业模式

（1）业务模式

优信二手车通过电商平台联合各非个人车商,将其车源进行检测、评估并获得车商认可,放在平台上展示,接着将车信息与买方个人需求匹配,按照估价撮合达成交易,如图 3-103 所示。

图 3-103 优信二手车业务模式

（2）运营模式

优信二手车实施"全面布局汽车电商生态系统"的经营战略,采用"线下门店＋物流服务＋服务保障"的经营模式,提供"30

天包退+1年保修+158项专业检测"的特色服务。优信二手车以技术驱动生产力，凝结金融、物流、客源等二手车交易服务，覆盖300余个城市，上架车源500多万辆，经销商达10万家。

（3）盈利模式

优信二手车的盈利模式有两种：一种为端口费，另一种为交易佣金。端口费是以典型的广告平台模式盈利，而交易佣金是依靠车商（二手车中介）赚钱。整体概括就是优信二手车主要依靠车源信息，收取买方用户成交后车价8%的服务费、1800元GPS费或1000元平台服务费以及广告盈利。

5. 调研分析与总结

（1）调研分析

- 优信二手车产品功能全面，平台体系健全。
- 平台整合车商卖车和用户买车，提供一站式车信息中介和相关增值服务。
- 平台以灵活的创新思维推出智能定价系统，为用户提供更实惠的服务。
- 平台推出的"付一半"或"付一小半"和新车"一成购"购车方案，深受用户喜爱。
- "分期购车"整体操作流程体验不够友好，车辆信息及服务费用不够透明。

（2）调研总结

- 对于车商来说，线上营销带来更多客源，卖车更容易。
- 对于买方来说，线上选择方便快捷，且有第三方保障二手交易。

- ❑ 简化线上操作流程、完善信息披露系统，更容易留存用户。
- ❑ 卖车定价灵活和买车分期促使二手车电商平台占领市场。

3.14　系统迁移中的数据闭环

在软件的生命周期，若当前运行的系统在架构、性能、配置等方面无法满足功能扩展的需要，或无法符合业务发展的需求，又或是无法达到降低成本的要求，公司一般会选择系统重构。

系统重构是在不改变软件功能的前提下，对软件内部结构进行调整。直白地说，系统重构是在原有系统的基础上，将旧系统的业务数据迁移至新系统上，进行二次开发，使重构后的系统既要承接现有的业务，又要兼容老业务，关键要实现数据闭环。

受业务影响，系统重构更关注的是功能模块的实现逻辑，以及模块间的业务关系。系统重构首先要处理的任务是系统迁移。系统迁移包括数据资源整合、新旧系统迁移、新系统运行监控，如图 3-104 所示。

系统迁移的过程中，安全、平稳过渡是第一位。我们要保证新系统正常运行，也要保证原有业务数据在新系统中的独立性，主要包括以下几方面。

- ❑ 一方面要保证新系统的稳定性，即新系统一旦无法稳定运作，则要能快速切换回旧系统。比如借款人的数据格式错误，导致在新系统访问标的详情时报系统异常，这时我们可以切换回旧系统进行操作。
- ❑ 另一方面要保证新系统的兼容性，即旧系统产生的数据可以在新系统中操作查询，比如查看出借人的历史交易流水、提现记录、充值记录、投资记录、红包明细等。

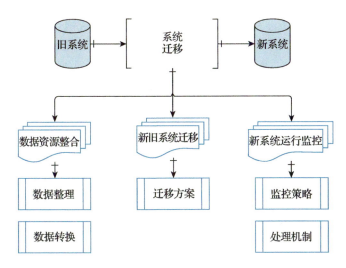

图 3-104 系统迁移框架

系统迁移首先要解决的问题是数据迁移。数据迁移一般是在存储层面、数据库层面和系统层面对基础数据、纯历史数据、变化较大的历史数据、流程性数据等进行迁移。数据迁移的重点是让数据从产生、处理、存储、分析等几个方面形成数据闭环,从而确保系统的完整性。数据迁移面临着技术、成本、安全三方面的问题。

- 技术上,我们要解决数据异构、在线迁移的问题。
- 成本上,我们要解决重复工作、资源占用的问题。
- 安全上,我们要解决迁移失败、系统容错的问题。

以某网贷系统重构为例,如图 3-105 所示,我们需要将原系统(资金托管系统)重构为目标系统(银行存管系统),涉及新功能开发、相关接口改造、新旧平台数据迁移等内容。比如开通红包账户、开通服务费账户、批量存管开户、标的登记、自动投标授权、自动债转授权、单点登录、用户数据迁移、业务数据迁移

| 产品闭环

等，很多模块涉及的数据都要形成闭环，才能完成用户数据应用闭环。

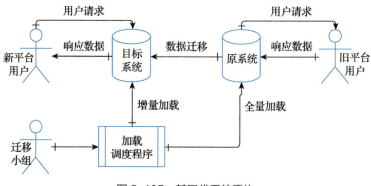

图 3-105　某网贷系统重构

目前，该网贷系统的数据量已经达到千万级别的体量，如何正确、快速地实现新旧系统间的数据迁移，是我们亟待解决的问题。若数据迁移处理不当，可能导致新系统启动异常、运行缓慢、数据冗余或数据丢失。若数据没有形成闭环，会导致验证结果与预期要求不一致。

数据迁移分为三个阶段：数据迁移前的准备、数据迁移的实施和数据迁移后的校验。下面我们将从数据迁移的三个阶段进行说明，学习在新旧网贷系统重构过程中如何实现数据迁移的闭环。

1. 数据迁移前的准备

数据迁移前，我们会做充分而全面的准备工作。比如成立数据迁移小组，设计数据迁移方案，拟定数据迁移计划，组织组头脑风暴会议，制定应急措施和备份策略。数据迁移方案如图 3-106 所示。

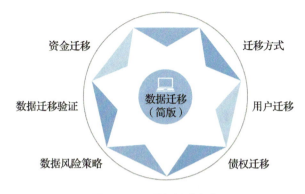

图 3-106　数据迁移方案

- 产品人员侧重了解原系统的业务范围、业务流程、数据流程等。从业务逻辑和处理流程的角度，对新旧系统的原有业务和现有业务进行差异分析，并输出《(存管)数据迁移业务梳理》和《(存管)数据迁移实施方案》。
- 开发人员侧重了解原系统的网络结构、数据结构、数据库表结构、接口逻辑等。对新旧系统的数据结构和代码数据进行系统分析，并输出《(存管)数据迁移详细说明》和《(存管)系统切换方案》。
- 测试人员侧重了解原系统的数据迁移范围、统计迁移数据类型等。从功能模块和信息流转的角度，对旧系统的历史数据进行质量分析，并输出《(存管)数据迁移测试计划》和《(存管)数据迁移测试案例》。

2. 数据迁移的实施

数据迁移的实施是数据迁移中最重要的一个环节，关系到系统切换的成功与否。我们一般会在数据迁移小组中安排一名负责人统筹安排原系统分析、系统设计、数据整理、数据转换、系统切换等过程的实施。

（1）准备数据迁移环境，对环境做充分的调研，了解数据迁移涉及的业务场景和影响范围。

（2）将原系统数据整理为系统转换程序能够识别的数据，对照表的要求进行转换，并写入新系统。

（3）在当月末资金对账跑批完成后，对系统进行切换，并在保证迁移过程不停机、系统持续服务的情况下，准备回退和应急方案。

（6）确保网络在临时中断或系统临时停机时，可以完成数据备份、日志保存和系统回退等操作。

3. 数据迁移后的校验

数据迁移到银行存管系统后，我们会安排负责 AB 角色的 4 名测试人员，对迁移后的数据进行校验。一方面与旧系统数据库中的数据进行比较，验证新数据库中数据的正确性。另一方面使用质量检查工具或编写 Python 脚本，检查相关功能模块数据的准确性。

此外，在集成测试（SIT）阶段，我们侧重对数据迁移进行验证性测试。在验收测试（UAT）阶段，我们侧重对数据迁移进行监测性测试。因为网贷系统涉及存管开户、充值、提现、授权签约、投标、自动投标、债权转让、放款、还款等业务，所以我们会加大对业务流、信息流、资金流的测试力度，至少会进行三轮以上的业务逻辑和数据模拟测试，以确保迁移过来的数据的有效性、一致性、可用性。

在灰度发布阶段，我们会把系统交付给运营、客服、风控和市场部门的相关人员。在宣导完数据迁移相关操作的注意事项后，让他们采取无意识的操作方式进行验收，记录每一步的验收记录，以便更好地发现问题，并及时反馈。

经过三个月的系统重构，数据迁移顺利完成，新系统已逐渐平稳运行，获得了公司内部和平台用户的一致好评。我们也组织了迁移小组进行项目复盘，从中总结经验。

第4章 CHAPTER 4

产品之"术"

　　好的产品要想实现价值，需要好的运营，而只有用产品价值驱动运营的闭环，用户增长目标才能自然达成。互联网时代，线上活动、红包玩法、会员体系等运营手段比比皆是，产品之"术"针对如何快速实现"病毒式"用户增长给出了运营背后的深层逻辑，并对共享按摩的商业闭环设计和B端车生活服务平台的运营闭环进行了分析。

4.1 从产品的角度谈闭环运营

都说产品、运营不分家,谈产品必谈运营。运营是一个不断加强用户对产品认知的过程。在这个过程中,我们可以制定一些运营策略,帮助产品与用户建立更好的循环联系。

一切运营都是围绕价值而设定的,只有价值才能让产品联系用户。运营闭环如图4-1所示。运营让产品有效地触达用户,实现最终的商业价值。用产品价值驱动运营的闭环,用户目标才能自然达成。这里的价值不仅仅是钱或虚拟币,也可以是行为激励、产品体验、用户黏性、情感表达等产品附加值。

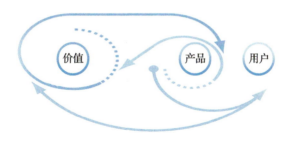

图4-1 运营闭环

对于大部分互联网公司而言,运营岗位通常分为:用户运营、活动运营、内容运营和产品运营等。运营的工作内容涉及多个细分领域,侧重点也不同,但相互之间又有协同和交叉,从而整合成闭环的运营体系。

4.1.1 用户运营

用户运营是指以用户需求为中心,根据运营策略制定运营目标,并完成运营过程中的计划、组织、实施和控制,以达到预期所设置的运营任务。

以用户为中心的用户运营,重点是分析用户需求和提高产品黏性,主要体现在:调研目标用户,了解用户的核心需求,通过给用户贴标签构建情景化的用户画像;分析各类与用户行为有关的数据和问题反馈,解决用户的痛点,为用户提供更好的服务。

用户运营贯穿用户全生命周期,围绕用户的拉新、促活、留存、变现和传播,构建一个良性的运营策略,如图4-2所示。

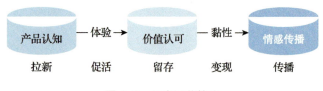

图 4-2 用户运营策略

我们可以通过建立用户画像、情景分析、激励体系等策略深度连接用户,进行精细化运营,让用户逐步达到从产品认知、价值认可到情感传播的转变,从而提升用户体验和产品黏性。

4.1.2 活动运营

活动运营指公司针对不同的活动进行运营。在整个活动过程中,浮动运营包含活动策划、活动推广与活动反馈等,都是围绕活动运营的数据指标实施的。

日常或节日的活动运营都是围绕一个活动或一系列活动的方案策划、资源确认、宣传推广、效果评估等进行的,关键是做好线上活动和线下活动的推进,确保活动执行落地。

活动运营中比较经典的案例是天猫的"618""双11"与"双12"购物节。天猫通过分析自身产品形态,使用渠道推广、文案营销、广告投放、用户激励等手段,实现闭环运营的目标。活动运营的目标主要包括:市场推广、产品营销和品牌建立,如图4-3所示。

图4-3 活动运营目标

活动是围绕内容和用户进行的。在整个活动过程中,我们要基于内容和用户做页面埋点和数据分析,从而优化活动运营策略并总结活动经验。

4.1.3 内容运营

内容运营指运营人员利用新媒体渠道,将企业信息以文字、图片或视频等形式,友好地呈现在用户面前,并激发用户参与、分享、传播的完整运营过程。

内容运营是基于产品的运营策略,进行创造、策划、整理、编辑、发布、优化、营销等与内容相关的一系列工作。内容运营围绕着圈子营销、内容挖掘、社群运营、用户互动,搭建起一个运营闭环,并持续优化各类与内容相关的数据,如图4-4所示。

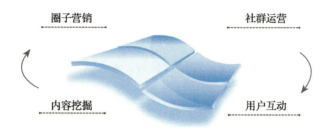

图4-4 内容运营策略

比如，PMLink产品经理社区的社群运营是利用用户生成内容（UGC）打造内容生态系统。作为社区的运营人员，他们既要能调动用户产生优质内容，激发用户创造私域流量，又要能推动社区的内容建设，让品牌与用户之间产生联系。

4.1.4 产品运营

一切用于连接用户和产品并产生产品价值和商业价值的手段都叫产品运营。产品运营以目标为导向、数据为基础，通过一系列的运营手段，提升产品的运营指标。

以内容为导向的产品运营，是一项从业务分析、产品优化、用户反馈三个层面管理产品内容和用户的工作。我们会通过制定投放机制、邀请机制与激励机制等方式实现产品运营。产品运营策略围绕用户研究、产品体验、沉没成本、盈利模式构建，如图4-5所示。

产品运营的核心是把一个产品盘活，通过数据验证自己的运营思路和策略是否有效，简而言之，就是从一个全局的角度看待产品运营。

图 4-5 产品运营策略

4.1.5 新媒体运营

新媒体运营是利用社交媒体、自媒体与视频媒体等新媒体平台进行产品宣传、推广、营销一系列运营活动，并充分利用内容经济，达到相应的营销目的。

常见的视频平台有抖音、快手、映客、优酷、爱奇艺等，社区平台有微信公众号、知识星球、知乎、简书、百度贴吧、天涯社区等，自媒体平台有头条号、一点号、企鹅号、百家号、新知号等。

新媒体运营通过策划具有品牌性、传播性的优质、精准的内容和线上活动，向客户与渠道推送消息。通过事件营销和品牌推广，提升公司的知名度，并进一步提高用户的参与度。

新媒体运营的核心是提升产品价值，包括互动价值、品牌价值、行业价值、引流价值、经济价值等。归根到底，新媒体运营是为了实现四大目标：品牌宣传、用户互动、精准营销、公关传播，如图 4-6 所示。

做运营最关键的是选对指标、找对用户、做对策略、用对渠道。对于产品经理而言，做产品一定要了解运营，这样才能更好地满足用户需求。此外，要想让产品有黏性，必须挖掘用户的隐性需求，挖掘每款产品、每种玩法背后的业务逻辑。初级运营者只看到领导的需求，中级运营者可看到当前的市场，而高级运营者能看到未来的趋势。

图 4-6　新媒体运营四大目标

总而言之，如果说产品研究的是用户，通过产品设计的功能满足用户对产品的需求，那么运营洞察的是人性，通过运营策略激励用户使用产品。

4.2　做好线上活动运营的闭环

活动运营是根据既定目标，通过策划并执行短期活动，在一定时间内快速提升产品指标的运营策略。简单地说，活动运营是在某个活动期间，通过一些有目的的用户增长或转化手段，从拉新、留存、转化三个环节形成运营策略闭环。

活动运营的本质其实是对人的运营。比如洞察用户心理、刺激用户行为、挖掘用户痛点、找到用户痒点、制造用户爽点等。

对于运营类产品经理而言，活动运营是难以避免的。做活动运营要明确基本工作流程，包括活动目标、活动分析、活动方案、活动推广、活动执行、活动复盘，如图 4-7 所示。

图 4-7 活动运营基本工作流程

互联网金融一般是重运营的。做好金融平台的活动运营，关键在于构思活动中的每一个环节，并让活动形成闭环。

4.2.1 活动目标

在活动准备期，开展活动之前，要设定一个明确的且可量化的目标，且该目标可作为活动运营的一个标准。活动目标必须能使策划活动的公司和参与活动的用户获得各自的利益，达到各自的期望。

活动的目标是多样的，具体取决于公司的运营策略和活动方案。产品经理协助做活动运营，关键是弄清楚活动的目标是什么。一场活动的目标可以是达成公司品牌曝光，可以是找到核心用户群体，可以是完成拉新、促活与转化，也可以是拉动用户贡献价值，还可以是增加平台与用户的黏性等，如图 4-8 所示。

明确活动目标的最快方式是确认目标用户定位、描述目标用户特征、构建用户角色卡片、分析目标用户使用场景等。明确活动目标之后，我们才能够有效思考，规划接下来需要做的事情。

| 产品闭环 |

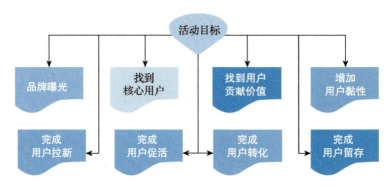

图 4-8 活动目标

4.2.2 活动分析

每逢年中都是线下资产放贷的高峰期，线上理财资金端压力较大，为配合线下 6 月份完成 10 亿元的业务目标，平台特推出"百万豪礼大回馈"活动。

在这次活动中，平台把当月交易量突破 10 亿元作为活动运营目标，并不是拍脑袋想出来的。从图 4-9 中可以看到平台整个 6 月份的运营数据情况：当月新增约 7.5 亿元的借贷总额，同时到期还款金额约为 2.5 亿元。为了满足借贷现金流平衡，平均每天交易量要达到 3400 万元，平台需要通过活动刺激投资人出借，满足借款人的资金需求。

任何活动都是为了效果而设立的。为了达到原先设定的目标，产品经理必须在活动前期进行分析，包括市场调研、竞品分析、用户研究与运营分析，如图 4-10 所示。

第4章 产品之"术"

图 4-9 平台运营数据

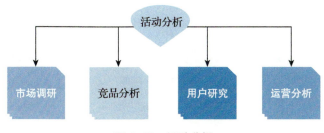

图 4-10 活动分析

比如设定数据埋点，产品经理要分析谁参加本次活动，谁转发活动专题页，谁完成活动任务，从而充分了解用户群体，挖掘高净值用户，实现精准营销。

4.2.3 活动方案

活动方案一定要围绕运营目标去策划。设计一场可行性高的活动，需要方案支撑，最关键的是方案要符合产品的特性，并满足目标用户的需求。

活动方案的策划无非是活动奖励、营销工具、活动玩法等多维度元素组合串成活动形式。活动奖励包括现金、虚拟商品、实体商品等，营销工具包括加息、返现、代金券、加息券、体验金、积分、金币、成长值等，活动玩法包括签到、抽奖、兑换、邀请好友、社区互动、首投奖励、上榜有礼等，如图4-11所示。

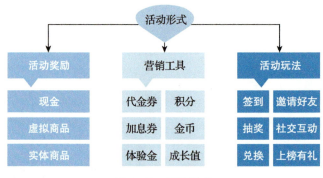

图4-11　活动形式

金融平台常用的活动形式有：新手福利、邀请奖励、红包分享、首投奖励、投资返现、满额返现、短期加息、全场加息、抢加息券、投资抽奖等。

活动方案一般从活动目的、活动时间、活动主题、活动内容、活动流程、活动规则、成本预算以及分工协同等方面进行策划，如图4-12所示。但为了保证活动效果，我们需要将活动方案按目标细分，并形成一套公司特有的策划方案路径，以便产出高质量的方案。

对于此次"百万豪礼大回馈"活动，策划的活动方案内容主要包括：在6月1日~6月30日期间开展首投送积分、满额返现、红包分享、投资抽奖、全场加息等活动，为活动运营的内容提供附加值。通过活动刺激高、中、低净值用户投资，同时借助老用户的力量向全民推广,提高新用户注册转化率及投资量。此外,设定用户参与活动的规则,并估算活动运营成本和活动整体效益。

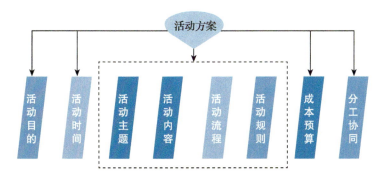

图 4-12　活动方案内容

比如投资送抽奖机会的活动,用户每笔投资金额大于 1000 元,即可获得一次抽奖机会,如图 4-13 所示。为了避免用户恶意刷数据,我们会限制用户当日最多获得 5 次抽奖机会。参与抽奖的用户可获得实体商品、虚拟币或返现红包等奖品。

图 4-13　投资即可抽奖

比如首投送积分活动，活动期间内，用户当日首笔投资可以按 10∶1 比例获得积分，积分可以兑换相应的商品，如图 4-14 所示。

图 4-14　积分兑换商品

无论是商业活动，还是企业活动，都离不开活动方案的策划。好的活动方案一定是业务一环扣一环的，就像一个助推器，可以增加产品与用户之间的互动性。

4.2.4　活动推广

活动方案出来后，下一步就是对活动进行推广。在规定的时间内，保质保量地完成一次活动，离不开前期的推广。活动推广包括：推广渠道、推广时机及推广内容三个维度。

对于此次"百万豪礼大回馈"活动，活动策划的同时就准备好了推广软文，详细介绍了活动主题、活动内容、参与对象、参与方式、相关奖励和活动规则等，且基于拉新、留存和转化的运营目标，对各个节点活动进行推广，如图 4-15 所示。

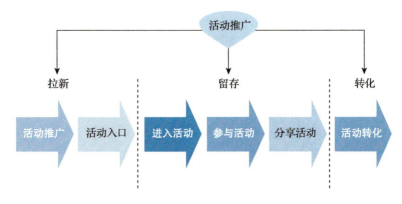

图 4-15　活动推广全流程

在引爆期利用广告轮播图、顶部广告位、App 启动页、平台公告、短信、站内信、消息推送、投资人 QQ 群、活动专题页、微信转发分享和渠道投放等方式进行大规模、全方位的推广。此外，我们把能够想到的推广方式都进行尝试，线上与线下结合造势，吸引用户的注意，让用户能够参与其中。

4.2.5　活动执行

活动执行是一个重要的环节，最关键的是推进策划方案的落地。为了更好地推进活动执行，我们一方面要了解活动方案、活动情况和行业动态；一方面要建立活动的执行表及精细化运营。

在整个活动执行的过程，我们主要关注三个方面：执行效率、执行细节与执行态度。此外，活动执行离不开有效的管理，通过管理确保活动的顺利进行，保障活动的整体效果。

4.2.6 活动复盘

在互联网公司,复盘已经成为一种重要且常态化的管理方法。复盘是对过去所做事情的一次重新演绎,是对刚完成项目的一次反思总结,也是对最终结果数据的一次倒推。

在日常的活动复盘中,一般采用 GRAI 复盘法,主要包括 4 个步骤:回顾目标、评估结果、分析原因、总结规律,如图 4-16 所示。从回顾最初的目标开始,然后深挖各个环节存在的问题,并分析活动运营数据和整体完成情况,最后形成经验和教训总结并输出会议记录。

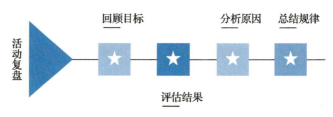

图 4-16 GRAI 复盘法

比如,此次在线上面向投资人做的"百万豪礼大回馈"活动,在活动开始后,我们观察数据表现、收集问题反馈并优化活动流程。在活动结束后,我们组织相关人员重新对整个活动的每个环节进行复盘。

(1)回顾目标:当初的活动目标是什么。

(2)评估结果:目标是否完成或超期完成,分析原因;与原定目标或竞品活动相比,有哪些亮点和不足之处。

(3)分析原因:分析投放渠道与各自的转化数据,得出结论。

（4）总结经验：将此次活动的优点、缺点转化成经验，为下次活动精准投放做好基础。

活动复盘能够看到产品自身的不足、平台用户的喜好、竞争对手的情况，验证活动的趣味性等，为下一次活动提供更高层次的数据支撑与运营策略。

在此次活动运营过程中，所经历的活动目标、分析、方案、推广、执行与复盘构成了完整的运营闭环。

4.3 让红包玩法贯穿营销闭环

红包是理财平台为出借人提供的一项增值服务，给产品创造了一个"小而美"的使用场景。红包有4种表现形式：代金券、返现券、加息券和现金红包。

红包玩法是一种用户增长运营策略，可以引流用户、刺激投资，提高用户活跃度和价值贡献度。我们要重视红包玩法，并将其作为一切营销活动的连接点，形成线上品牌与线下渠道相结合的营销闭环，如图4-17所示。

图 4-17 红包营销闭环

红包玩法形式多样，重点是通过活动场景让用户参与进来，进而分析目标用户的喜好。常见的红包玩法有：新手福利、邀请

| 产品闭环 |

有奖、签到奖励、投资返现、抽奖游戏、兑换红包等，如图 4-18 所示。

图 4-18　红包常见玩法

4.3.1　新手福利

新手福利是针对平台未注册的新用户在完成新手任务后可享有红包奖励，且每个用户有且仅有一次机会获得该新手福利。以某理财平台的新手福利活动为例，如图 4-19 所示。

图 4-19　某理财平台新手福利活动

❏ 任务门槛：在活动期间，仅新注册用户才有资格参与。

- 活动玩法：访问新手福利专题页，完成用户注册，完成首次出借。
- 红包解锁：新手注册可获得 88 元返现券，首次出借可获得 8 元现金。
- 活动分析：通过新手福利方式拉新，验证拉新方案的可行性，若效果明显，则将其作为用户增长的主要方式。

4.3.2 邀请有奖

邀请有奖是以老带新，邀请他人完成对应的活动，即可获得红包奖励。邀请得越多，红包奖励越多。某理财平台的邀请有奖活动如图 4-20 所示。

图 4-20 邀请好友出借有奖活动

- 任务门槛：在活动期间，被邀请人未在平台注册过。
- 活动玩法：出借人分享活动专题页或二维码图片给好友，好友根据链接完成注册和投标。
- 红包解锁：按获得好友注册后 7 日内，每笔出借金额的 1% 返现。
- 活动分析：吸引用户分享，是典型的口碑营销。通过分享实现用户裂变，既可拉新又可促活，运营成本低且用户转化率高。

4.3.3 投资返现

投资返现是指活动期内，投资金额达到运营部门设定的规则，即可获得现金红包奖励。某理财平台的投资返现活动如图4-21所示。

图4-21 某理财平台投资返现活动

- ❏ 任务门槛：出借金额需达到1万元、3万元、5万元和10万元。
- ❏ 活动玩法：筛选期限和利息合适的标的，进入标的详情页，点击"立即出借"按钮，完成投标。
- ❏ 红包解锁：用户完成投标额度后，可分别获得8元、18元、88元和188元的现金红包。
- ❏ 活动分析：利益驱动下，老用户重复出借，提高用户的价值贡献度。

4.3.4 签到奖励

签到奖励指用户通过每天在App或官网上签到，获得对应的奖励。连续签到的次数越多，获得的奖励越高。某理财平台的每日签到如图 4-22 所示。

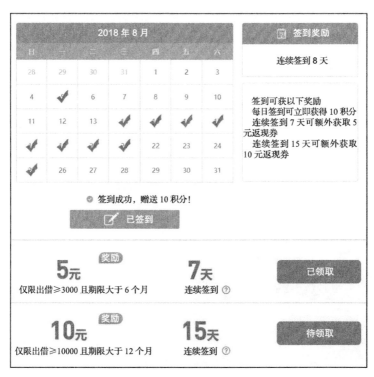

图 4-22 某理财平台每日签到活动

- 任务门槛：新老用户均可参加每日签到活动，连续签到达到 7 天或 15 天，即可获得红包奖励的领取资格。
- 活动玩法：用户登录 App 或官网，点击"立即签到"，完成签到任务。
- 红包解锁：用户连续签到 7 天可获得 5 元红包，连续签到 15 天可获得 10 元红包。

| 产品闭环 |

- 活动分析：签到是典型的产品驱动运营，可提高用户黏性，培养用户使用习惯。

4.3.5 抽奖游戏

抽奖游戏是以"红包＋游戏"的方式，引导用户参与商品中奖的小概率事件。抽奖游戏常见的玩法有：幸运大转盘、九宫格、刮刮卡、砸金蛋、摇一摇抽奖等。某平台的积分抽奖游戏如图 4-23 所示。

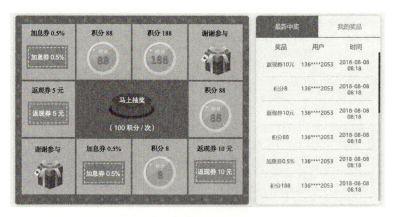

图 4-23　某平台积分抽奖游戏

- 任务门槛：用户有可用积分，且大于抽奖的最小限额 100 积分。
- 活动玩法：用户点击"马上抽奖"，消耗 100 积分，可获得 1 次抽奖机会。
- 红包解锁：用户可抽取 8 积分、88 积分、188 积分、5 元返现券、10 元返现券和 0.5% 的加息券。

- 活动分析：提升产品体验的附加值，使趣味性更强，可以吸引用户参与，提高用户的活跃度。

4.3.6 兑换红包

兑换红包是以虚拟币或积分的形式，按一定比例等值兑换红色。某平台的积分兑换红包活动如图 4-24 所示。

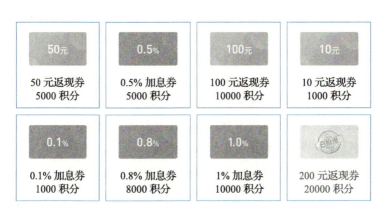

图 4-24　某平台积分兑换红包活动

- 任务门槛：用户有可用积分，且大于兑换红包的最小限额 1000 积分。
- 活动玩法：访问积分商城，选择"平台卡券"，点击"立即兑换"。
- 红包解锁：用户可兑换面值 10 元、50 元与 100 元的返现券，或 0.1%、0.5%、0.8%、1.0% 的加息券。
- 活动分析：让积分在平台内流转，通过积分运营的方式回馈忠实用户，提高老用户的忠诚度。

红包通过场景赋能，进而实现不同活动的营销目的，这种方式越来越受理财平台的喜爱。在整个活动运营过程中，红包玩法从任务门槛、活动玩法、红包解锁到活动分析，形成一个完整的营销闭环。但在控制运营成本的前提下，红包玩法的门槛不能设置得太高。

红包玩法是围绕运营指标而设定的，根本目的是通过病毒式传播的营销手段，实现用户增长和转化。

4.4 打造一个有价值会员体系

会员体系是一个常态化、俗套的玩法，大部分产品经理都接触过。会员体系是为了实现业务目标、挖掘用户价值、提升品牌传播、促进效益转化而设定的激励机制。

在没有流量红利的时代，产品吸引不到用户，拉新成本太高。很多平台会通过激励存量用户和新用户的手段，搭建会员体系。常见的会员体系类型包括：积分和等级体系、服务订阅体系、实体订阅体系、产业共享体系、社群体系等。

4.4.1 了解会员体系

会员体系是一套围绕会员而设计激励策略的体系。简单地说，会员体系是为了使用户持续使用产品而设计的一套运营策略。会员体系作为一种"诱导式"的激励方式，可以针对某些用户行为进行激励，并赋予用户某种差异化的权益，所以也被称为激励体系。

在用户运营的过程中,用户感知最强烈的就是会员体系。会员体系包括:会员、等级、成长值、特权、积分或金币、任务、礼品、活动、优惠券等要素。其中,等级、特权、成长值是搭建会员体系最核心的部分,被称为会员体系的"三驾马车"。

4.4.2 会员体系的作用

会员体系可以很大程度地在用户生命周期中提升用户价值,并使每一个用户在平台发挥其最大价值,主要体现在以下几个方面。

- 以产品功能为导向。会员体系满足特定用户的实际需求,诱导用户使用平台产品,培养用户的忠诚度,实现用户与产品之间的情感连接。
- 以业务场景为导向。会员体系通过精准运营、垂直化营销、品牌宣传等运营手段,拉动用户增长,促进业务发展,让用户获取个人利益的同时使平台实现商业价值。
- 以用户体验为导向。会员体系提升用户在产品的活跃度与留存率,增强用户黏性,使会员价值与用户体验相互渗透,实现无缝结合。

以阿里"88 VIP"会员为例,如图 4-25 所示。阿里巴巴整合了淘宝、天猫、支付宝、口碑、饿了么、优酷、虾米、飞猪和淘票票等会员权益,实现了产品在各种应用场景的打通,并将用户纳入自己构建的生态圈,从而形成竞争壁垒。

纵观整个会员权益体系,阿里"88 VIP"会员体系抓住了用户的痛点、爽点与痒点,让用户释放压力、受到尊重、得到满足。比如给予用户特定的身份、特权等虚拟奖励，让其产生满足感和愉悦感。

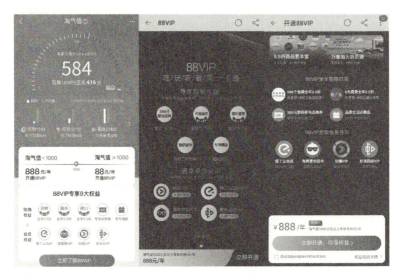

图 4-25　阿里"88 VIP"

4.4.3　搭建会员体系

虽说会员体系设计大同小异，但作为产品经理，还是要结合公司业务目标与产品运营情况，做好产品规划、梳理业务逻辑和制定运营策略。

以共享出行平台为例，经过分析平台数据发现，在某一时间节点有 56.88 万司机注册，有 41.28 万司机实名认证，产生订单交易的司机仅有 27.32 万，约占总人数的 48.03%，每日活跃数 3.60 万，占总人数的 6.33%，整体运营数据指标比预期的低。

为了提高订单转化率和提升司机黏性，我们采取会员成长体系的实现方法，经过市场调研、用户研究与需求分析，梳理出搭建会员体系的业务规则。会员体系业务如图 4-26 所示。我们主要围绕用户的等级、成长值、特权、回报、行为五大核心逻辑，运用用户思维，打造一个良好的会员成长体系。

1. 会员

会员是身份的象征。目前，司机身份等级包括：红铁司机、青铜司机、白银司机、黄金司机、钻石司机与至尊司机，如图 4-27 所示。此外，我们还可以借助 RFM 模型细分用户，从而实现精细化运营，挖掘高价值用户，也便于平台做更多的产品决策。

2. 等级

等级可以帮助平台识别重要用户，从而针对细分客户做重点运营，提供差异化的权益或服务。我们将司机划分为 6 个会员等级：VIP1、VIP2、VIP3、VIP4、VIP5 和 VIP6。等级由成长值决定，成长值越高，则会员等级越高。

3. 成长值

成长值是用户通过某种行为在平台获得的虚拟数字，并享受成长值范围内对应的权益或服务。成长值可以用来衡量用户价值，培养会员忠诚度。我们将司机的成长值设定为 2000、5000、10000、50000 和 100000，司机达到设定的成长值门槛，就可以解锁相应的特权。司机成长值来源为累计收益，收益越多，成长值越高。

| 产品闭环 |

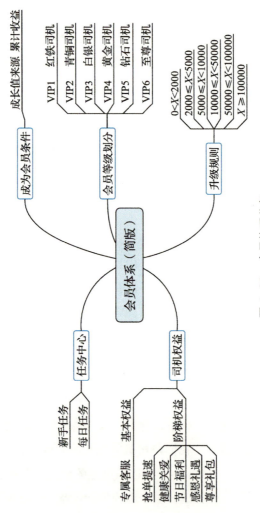

图 4-26 会员体系业务

第4章 产品之"术"

图 4-27 司机身份等级

4. 权益

权益指会员获得的回报和福利，尤其是专属特权享有的权益。我们按会员等级将专属特权分为专属客服、抢单提速、健康关爱、节日福利、感恩礼遇、尊享礼包，如图4-28所示。不同等级的会员，将享受不同的特权和服务。

| 产品闭环

图 4-28　司机专属特权

5. 任务

任务可以辅助司机和平台之间进行互动，引导用户行为，形成持续获取成长值的闭环。通过运营设定的一些新手任务、每日任务与特定活动，提高司机活跃度和订单转化率，如图 4-29 所示。

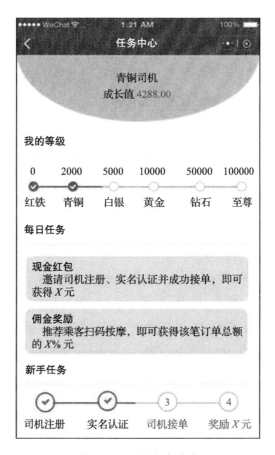

图4-29 司机任务中心

对于共享出行产品而言,好的会员体系一定是激励手段与用户行为相匹配的。只有这样,才能利用会员体系进行用户分层管理,实现精细化运营。会员体系的作用主要包括:诱导用户使用产品、带动自身业务发展、提高用户的活跃度、促进订单有效转化。

总而言之，一个有价值的会员体系可以和用户建立情感连接，增加用户黏性，提高用户活跃度，培养用户忠诚度。

4.5　搭建一个闭环的积分体系

积分是平台为用户提供的一项增值服务，而积分体系是平台为产品设定的一种运营策略。简而言之，积分已经影响着人们对产品或服务的感知，积分体系可以用于激励用户在平台的操作行为，所以它本质上也是一种用户激励体系。

积分体系的载体是积分，积分是一种虚拟币。我们可以根据使用场景来划分积分。

- 根据用户行为，我们将积分划分为消费积分、行为积分与等级积分。
- 根据运营策略，我们将积分划分为积分、虚拟币、元宝、体验金、金豆和钻石等。

对于一个运营类的网站或 App 产品而言，当其发展到一定阶段或规模后，积分体系是不可或缺的。目前，积分体系被广泛应用在金融、航空、电商、医疗、教育、银行等领域，大部分产品经理都接触或设计过积分体系。积分体系是围绕运营拉新、促活和留存三大目标而搭建的，如图 4-30 所示。

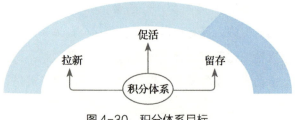

图 4-30　积分体系目标

明确积分的使用场景和应用目标后,我们才能合理地推动积分体系的搭建。积分体系是一个完整的系统模块。一个完整的积分体系框架包括:积分获取、积分消耗、积分管控,如图4-31所示。

图4-31 积分体系框架

4.5.1 积分获取方式

积分获取是指用户通过完成某些任务来获取积分,首先要考虑的就是获取的方式和对应的规则。积分获取方式包括:新手任务、日常任务、活动任务等,如图4-32所示。积分规则只是积分获取玩法设计的一个衡量标准,具体规则取决于公司的运营策略。

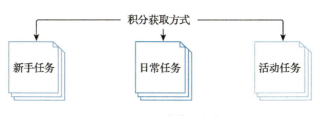

图4-32 积分获取方式

1. 新手任务

新手任务对很多产品的拉新或促活是有帮助的，它可以帮助新用户熟悉产品，同时激励用户使用产品。这里的新用户可以是新注册用户，也可以是未参与新手任务的存量用户。

常见的新手任务包括：新手注册、实名认证、首次绑卡成功、首次授权签约、首次充值、首次投资等。设置规则一般是同一用户在某一时间节点内仅可参与一次新手任务。

以某平台新用户投资抽奖为例，如图 4-33 所示，从 2018 年 8 月 8 日起，新用户完成注册、实名认证、绑定银行卡和首次投资等任务，就有机会参与手机抽奖。

图 4-33　新用户投资抽奖

2. 日常任务

日常任务指每日可以重复进行的常规任务。用户完成日常任务要求的内容后，就可以获得对应的积分奖励。

常见的日常任务包括：每日登录、每日签到、社区问答、每日浏览、每日关注、每日点赞或每日评论等。设置规则一般为限制用户在特定的时间内完成任务，且零点后更新任务。

以某平台签到送积分为例，如图 4-34 所示，在活动期间，投资人每日签到可立即获得 8 积分；连续签到 8 天，可额外获得 88 积分；连续签到 18 天，可额外获得 188 积分；连续签到 28 天，可额外获得 288 积分。积分发放规则为每月底全部结算，下月初统一赠送。

图 4-34　签到送积分

3. 活动任务

活动任务是指在重要节日举办的特定任务。用户参与平台互动，并完成运营设定的相关任务就可获得积分奖励。

常见的活动任务包括：周年庆、年会、问卷调查、答题、竞猜、活动分享、邀请好友等，通过激励任务吸引更多的用户。设置规则一般为限制用户在具体的活动期间完成任务，且完成任务

| 产品闭环 |

的次数是有限的。

以某平台邀请好友注册为例,如图 4-35 所示,当月成功邀请一位好友完成注册即可领取 1000 积分,成功邀请至少三人完成注册可领取 3000 积分,且每位用户当月仅可获得一次完成该任务的奖励。

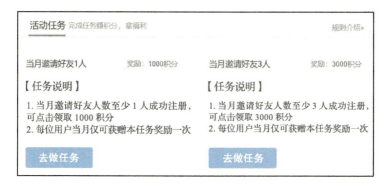

图 4-35 邀请好友注册活动

4.5.2 积分消耗机制

积分消耗机制是用户通过相关手段进行积分消耗。有了积分消耗机制,用户获取的积分才能得以回收,从而形成一个完整的积分闭环。

明确积分的目标后,我们要设置相应的积分消耗机制,主要包括:兑换机制、活动机制和回收机制,如图 4-36 所示。我们也可把它理解为兑换商品、参与活动、到期清零。

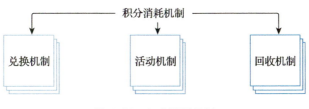

图 4-36　积分消耗机制

1. 兑换机制

兑换机制是最常用的积分消耗方式之一。有了兑换机制，用户才有持续获取积分的动力。积分兑换一般依赖于积分商城而存在，我们可以用积分兑换商品。商品通常包括两种：虚拟商品和实物商品。

特别注意的是，积分商城的商品要根据平台用户的属性及喜好来设置。我们可以做一个用户调查，根据用户反馈来推出相应的商品，这样才能提高用户的兑换率及活跃度。

以某会员中心的许愿池为例，如图 4-37 所示，通过设定一个许愿池，让用户以许愿的形式告知其意向商品，然后根据反馈的情况，上架许愿池中高频出现的商品。其实许愿池的本质是一个用户留言功能，不过比用户留言更有吸引力，能够刺激用户心理和诱发期望行为。

兑换的手段可以是纯积分兑换，也可以是积分加红包，我们要根据产品的兑换规则而定。兑换规则包括：兑换分数值、有效期和库存数等。比如在理财平台的积分兑换加息券或返现券规则，可以设定用户在活动时间内，单日进行兑换的次数和积分值。

| 产品闭环 |

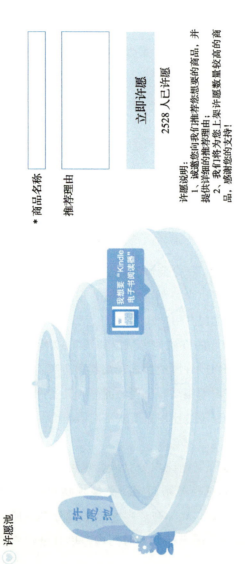

图 4-37 许愿池

2. 活动机制

活动机制一般是根据市场调研或运营情况设计相关活动，关键是通过活动有效激励用户采取你所期望的行为。

常见的活动机制包括：积分抽奖、积分寻宝、积分砸金蛋、积分拼团等。这些都是低积分消耗、小概率抽中商品的玩法，主要作用是增加积分使用场景，有利于积分的流动。

以某积分商城的积分抽奖活动为例，如图 4-38 所示。用户每次参与抽奖，将消耗 100 积分，并有机会抽到积分、话费或电子产品。

图 4-38　某积分商城积分抽奖活动

3. 回收机制

回收机制是对现有的积分体系设计和制定约束规则，主要作用是盘活积分，增加流通性。比如到期积分清零、违规积分作废等，积分清零一般是在年底进行，并提前三个月告知用户；积分作废机制主要是通过系统检测用户是否有作弊行为，若有作弊行为，积分取消。

4.5.3 积分管控策略

在完成积分体系的整体设计后，我们就可以试运行。在试运行过程中，积分管控策略主要包括：成本管理、风险控制、策略调整，如图 4-39 所示。

图 4-39 积分管控策略

1. 成本管理

积分管控首要考虑的就是成本问题，成本管理是运营人员要关心的事情。比如，在本次活动中我们预计需要发放多少积分。积分是平台补贴给用户的，做好成本核算是头等大事，我们要和财务人员确认积分的运营预算。

在成本核算前，为积分定价，确定好积分与现金的比例。以某理财平台的返现券为例，我们可以用 500 积分兑换 5 元返现券，1000 积分兑换 10 元返现券，3000 积分兑换 30 元返现券，这样就给积分赋予了现金的价值感。

2. 风险控制

在运营过程中，我们需要风控人员确认可能会出现的风险点。比如哪些环节可能会有功能问题、系统漏洞或外挂作弊等。此外，我们要协助运营人员做好应对措施和风险控制，防止投机分子影响整个积分体系。

以签到防作弊为例，我们可以通过系统决策识别自然用户，过滤垃圾用户和机器用户。通过设置数据埋点，分析每日签到的用户是否有重复签到的作弊行为，然后将其所得的积分扣除。对于刷分严重的用户，系统将会禁止其登录。

3. 策略调整

在试运行的过程中，运营人员要根据数据分析和用户反馈进行活动部署与规则调整。在阶段性调整过程中，重点是对用户行为进行有效激励，即调整后能达到预期的活动效果。

一个良性的积分体系是从积分获取到积分消耗形成一个闭环，如图 4-40 所示。此外，我们还得根据产品的发展方向，不断地调整策略与优化决策，让用户获得更好的产品体验与服务。

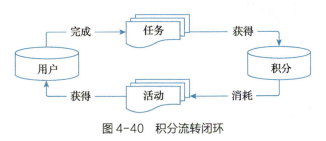

图 4-40 积分流转闭环

只有这样,才能让用户热爱你的产品,从而增加用户黏性,提高拉新、转化,刺激消费并促进变现,最终形成一个闭环的积分体系。

4.6 基于裂变场景打造用户增长的闭环

其实,用户增长是一个非常大的话题,不再是传统互联网意义上的一味追求用户数量增长。用户增长是不断地提出增长假设,通过做实验与数据分析,验证假设的正确性,以此循环往复,不断迭代,形成一个闭环。

用户增长是产品运营的第一指标。用户增长是以增长为目标,以结果为导向,让运营策略能够落地。用户增长本质在于数据驱动产品,产品要持续增长关键在于提升单个用户价值。其中,GROW 模型是用户增长过程中最常用的分析框架之一。GROW 模型包括 Goal(目标设定)、Reality(现状分析)、Options(方案选择)和 Will(任务执行),如图 4-41 所示。

图 4-41 GROW 模型

GROW 模型是设定目标和寻找解决方案的有效工具,我们可以借助它梳理一个完整的用户增长闭环。

- 目标设定：确认用户增长的运营目标，找到期望的短期目标和长期目标。
- 现状分析：分析产品的当前现状，明确客观事实，找到实现增长的指标。
- 方案选择：找到可供选择的增长方案，并制定驱动用户增长的有效策略。
- 任务执行：设定增长的行动计划和时间节点，快速激励用户增长。

用户增长主线是基于 AARRR 的闭环模型，以产品用户生命周期为核心，去获取用户、激活用户、提高留存、完成变现和实现自传播，如图 4-42 所示。但新用户留存是产品启动到用户行为转化的关键节点。我们就是要在这个节点找到实现用户增长的"因子"。该"因子"是激活用户增长闭环的推手。

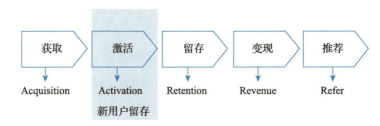

图 4-42　用户增长主线

用户增长的"因子"主要有利益驱动、访问路径与用户行为。如何找到用户增长的"因子"是一个系统性的工作，主要包括如下几个方面。

- 制订好当前产品近期或远期的增长计划。
- 让可以实施的增长计划以需求的形式落地。

❑ 梳理业务并拆解可持续输出价值的增长点。
❑ 驱动产品的快速迭代，达成用户增长目标。

用户增长的最终目的是从用户身上获取价值，因此需要考虑特定的投放渠道、营销策略和数据分析方法。其中，投放渠道包括：红包分享、好友邀请、名人效应、打造爆款、马甲效应、新媒体运营等。营销策略包括：分销、砍价、拼团等。数据分析方法包括：AARRR模型、漏斗分析、北极星指标、用户忠诚度模型、八角行为分析法等。简而言之，用户增长的手段是找到实现用户增长的邀请机制、激励机制和策略机制，如图4-43所示。

图4-43 用户增长手段

用户增长的核心是在方案设计、运营策略、数据驱动和病毒式传播等环节形成一个闭环，从而打通整个用户增长的业务流程，如图4-44所示。

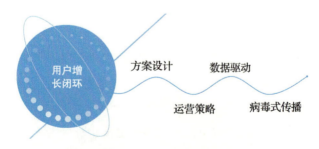

图4-44 用户增长闭环

4.6.1 裂变原理

找到增长"因子"后,我们就要采取裂变的手段使用户快速增长和有效转化。裂变侧重于回报、价值、权威、从众、喜好、稀缺6个要素。利用裂变可以快速实现多级传播,并获得呈指数增长的新用户,如图4-45所示。

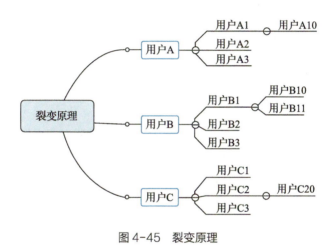

图4-45 裂变原理

裂变增长之所以这么火爆,是因为用户裂变的本质是以价值为核心。用户裂变可长期持续下去的原因是产品的价值,产品有价值才能打动用户。比如种子用户、线上社群、行业意见领袖(KOL)、自媒体大V等,都是通过裂变的形式给用户带来附加价值,从而源源不断地获取用户流量,如图4-46所示。

裂变是一种方案启动快、运营成本低、转化效果好的营销手段。常见的裂变方式包括:拼团裂变、砍价裂变与分销裂变。

| 产品闭环 |

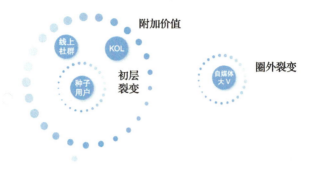

图 4-46　裂变形式

4.6.2　拼团裂变

拼团裂变模式是商家针对特定商品,在约定时间内以成团人数为条件,用优惠价格出售商品的营销活动,如图 4-47 所示。用户发起拼团,通过分享让利的方式,实现拼团裂变。

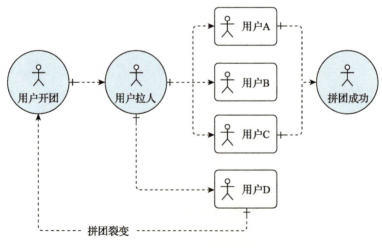

图 4-47　拼团裂变模式

拼团本质上是一个商品的购买流程，只是下单不再是单个用户，而是一群用户。常见的拼团类型包括：抽奖团、试用团、超级团、秒杀团、海淘团等。拼团可以完成裂变、增加用户量，同时给商家带来更好的传播效果。像连咖啡、瑞幸咖啡、礼物说、花点时间、快手、抖音、拼好货、萌店、拼多多等产品都在拼团模式上做得很好。

拼多多是典型的拼团模式产品，以直接拼团、参与拼单、邀请助力、分享互惠等拼团方式，在微信群或朋友圈疯狂刷屏，我们只需邀请多人参与即可开团。拼多多的拼团流程分为以下几个步骤：选择商品→发起拼团→微信分享→好友参团→拼团成功→等待发货→确认收货→订单售后，如图4-48所示。

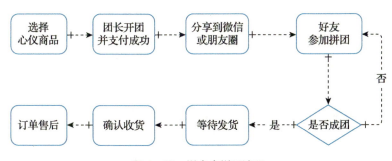

图4-48 拼多多拼团流程

拼多多利用拼团模式玩转用户裂变，但本质上都是围绕用户场景和业务落地让拼团形成业务闭环。在短短的时间内，拼多多迅速崛起，从最初的月均成交金额（GMV）20亿元，迅速上升至月均成交金额几百亿元。

4.6.3 砍价裂变

砍价裂变模式是通过给商品设置砍价规则,在规定的时间内,购买者分享商品链接给好友,好友通过点击链接帮其砍价,最终以一个相当优惠的价格成交,如图4-49所示。通过老用户拉新的方式,实现砍价裂变。

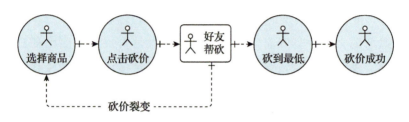

图4-49 砍价裂变模式

砍价可以让用户裂变,因为砍价是最常见的消费场景,也考虑到了用户的痛点(让利消费者)、痒点(喜欢占便宜)和爽点(砍价成就感),且利用好友社交圈实现了病毒式传播。

砍价模式分为两种,即用户砍到最低才可购买和无须砍到最低即可购买。每次砍价的金额都是随机的,发起砍价的只能是有效用户,但帮砍好友可以是游客。砍价的流程和策略都可以根据业务需要在后台系统进行灵活配置,如图4-50所示。

以"开学大砍价"活动为例,我们可以在后台系统设置新增砍价的活动名称、活动时间、砍价模式、砍价次数、商品低价和活动商品等,具体的业务规则可以根据运营策略设定,如图4-51所示。

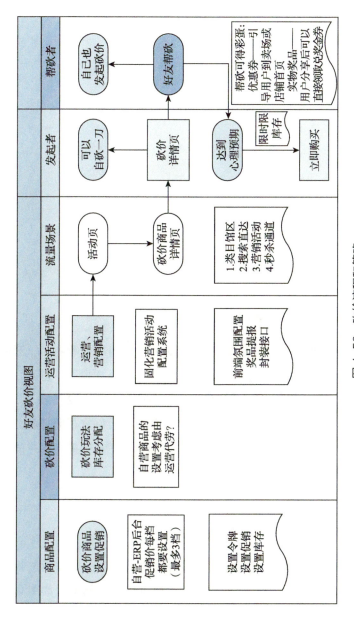

图4-50 砍价流程和策略

图 4-51　新增砍价活动设置

用户单击"砍价活动"链接进入页面，可以查看商品、活动倒计时和砍价排行榜；单击商品可以进入商品详情页，邀请好友参与砍价，或砍到一定优惠价后直接购买，如图 4-52 所示。

砍价是典型的用户思维和场景思维，通过好友帮助得利，实现用户的快速裂变，也能转化一批高净值的用户，提高用户的活跃度、忠实度和贡献度。

4.6.4　分销裂变

分销裂变模式是一种多层级分销模式，基于朋友圈进行传播，利用纽扣式的社会关系链，发展下线赚取佣金，如图 4-53

所示。用户发起分销,通过直销二级复利的方式,实现分销裂变。常见的分销裂变模式包括:供应商分销、区域分销、团队分销、直推分销、间推分销、自购分销等。

图 4-52 "开学大砍价"活动

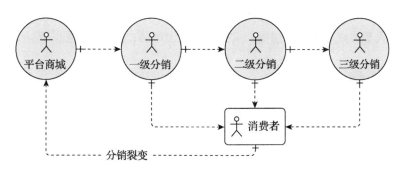

图 4-53 分销裂变模式

分销最火爆的玩法就是三级分销。三级分销最核心、最吸引人的地方就是无限裂变的圈子理论和无限多的分销商,如图 4-54 所示。三级分销指品牌商在销售中采取发展下级分销商的模式,形成一个三层分发的销售链。

| 产品闭环 |

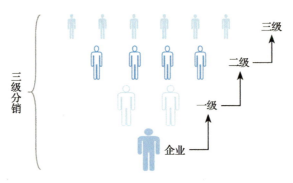

图 4-54 三级分销

以三级分销商城系统为例，如图 4-55 所示，利用三级分销能够促进商品的销售，让产品的火爆、推广、变现更加便捷，这种产品宣传方式，更容易让人们接受。很多商家或渠道代理也采用三级分销模式，即生成自己的分销专属二维码并分享到社交圈，用户下单之后社交平台就可以获得收益分成。简单地说，三级分销就是每个人都能成为一级分销商，只要下级卖出产品，就可拿到推广佣金。

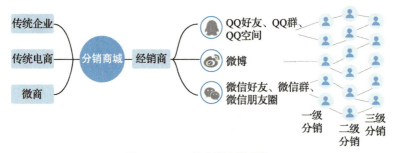

图 4-55 三级分销商城系统

4.6.5 用户转化

完成裂变后，我们要重点关注用户转化。转化是运营过程中每个阶段最重要的环节。提升转化率并不是简单地利用数据、用户模型就能解决的。

在用户裂变的过程中，为了更好地提升转化率，我们需要制定闭环的用户转化策略，包括：正确的用户、流畅的产品体验、优化转化路径、提高复购与增购，如图4-56所示。

图4-56 用户转化策略

通过裂变式的拼团、砍价和分销等营销活动，提升用户转化率。在裂变过程中，我们必须抓住用户的刚需、高频、黏性，即用户需要"诱导式"的解决痛点、刺激痒点、制造爽点，这样才能对产品形成使用习惯，从而转化成一批高净值的用户。

4.6.6 产品价值

以拼团、砍价、分销为场景的用户增长，裂变和转化才是关键，但要有行之有效的增长手段和持续输出的产品价值。产品驱动、营销驱动和品牌驱动都是在探索产品的核心价值，如图4-57所示。

随着信息量减少、关系链下降、用户群缩减，高净值用户逐渐流失。在用户的选择面前，一切公司的战略、模式或者策略都会变得不那么重要。

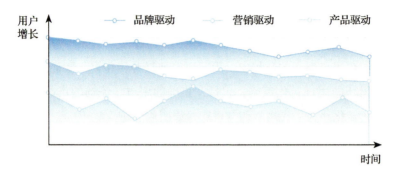

图 4-57 用户增长的驱动方式

谁能给用户带来价值,谁就能获得用户的支持,从而赢得市场并快速发展。

4.7 通过商业画布更好地了解商业模式

商业模式可以理解为如何帮助企业梳理业务模式,并快速实现盈利。简单地说,商业模式就是说清楚你做什么业务、凭什么赚钱。

成熟的商业模式一定是可以持续盈利的,追求客户价值最大化,主张业务模式创新,并能有效地整合资源,重点是形成了商业闭环。商业闭环思维是一种以全局视角看问题的思维方式。

商业闭环对一个企业来说是至关重要的,是商业计划最核心的内容。一个商业模式的形成要靠可行的业务闭环,即整个业务逻辑通顺,能够自成一体,且打通各环节,形成一个闭环。商业模式六大闭环包括:资源闭环、方案闭环、价值闭环、目标闭环、财务闭环和模式闭环,如图 4-58 所示。

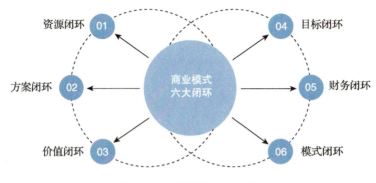

图 4-58　商业模式六大闭环

- 资源闭环包括：重要伙伴、核心资源和关键活动，即打通公司内外部资源。
- 方案闭环包括：价值主张，即对用户需求提供一站式解决方案。
- 价值闭环包括：客户关系、渠道通路和客户细分，即持续输出产品联系用户的价值。
- 目标闭环包括：资源闭环、方案闭环和价值闭环，即解决用户需求和实现商业价值。
- 财务闭环包括：成本结构和收入来源，即实现财务体系的有效运转。
- 模式闭环包括：资源闭环、方案闭环、价值闭环、目标闭环和财务闭环，即权衡商业模式的合理性。

商业模式的核心是价值，关键是构建商业闭环。对于一个持续输出价值的运营系统，构建商业闭环需要在创造价值、传递价值、获取价值三大环节打造一个闭环，如图 4-59 所示。

| 产品闭环 |

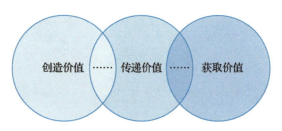

价值持续输出,并形成一个良性的循环

图 4-59 商业闭环价值

以某网贷平台银行存管模式为例,如图 4-60 所示,银行为投资人和借款人开设独立的个人存管账户,平台撮合借款人与投资人业务交易,银行负责存管双方的资金交易。该平台本质上是通过债权的形式让投资人出借和借款人融资形成一个业务闭环,这也意味着整个产品从商业模式上完成了闭环。

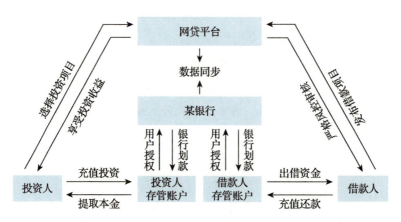

图 4-60 某网贷平台银行存管模式

商业闭环设计是企业战略目标规划的第一步。商业闭环设计常用商业画布进行商业模式分析,不管多复杂的商业模式,都可以用一张图表理清。商业画布是一种能够帮助创业者催生创意、降低猜测,确保他们找到目标用户与合理解决问题的工具。

商业画布是一种结构化的思考工具,可以将商业模式中的元素标准化,并将整个商业环节形成闭环。商业画布包括9个构造块,分别是客户细分、价值主张、渠道通路、客户关系、核心资源、关键活动、重要伙伴、成本结构和收入来源,如图4-61所示。

重要伙伴 (KP, Key Partner)	关键活动 (KA, Key Activity)	价值主张 (VP, Value Proposition)	客户关系 (CR, Customer Relationship)	客户细分 (CS, Customer Segmentation)
谁会帮助我	我要做什么	提供什么帮助	保持什么关系	我要帮助谁
	核心资源 (KR, Key Resource)		渠道通路 (CA, Channel Access)	
	我拥有什么		我要怎么传递	
成本结构(CS, Cost Structure)			收入来源(RS, Revenue Source)	
我要付出什么			我将获得什么	

图4-61 商业闭环设计

1. 客户细分(CS,Customer Segmentation)

客户细分即客户群体包括哪些,首要解决的问题是确定目标客户,即确定我们的产品在为谁创造价值,谁是我们的重要客户。

2. 价值主张（VP，Value Proposition）

价值主张即为客户提供什么帮助，首要解决的问题是如何创造客户价值，且持续输出产品价值。商业模式的价值主张就是说服客户购买或使用你的产品，但根本还是为客户带来价值，并满足客户某些需求。

3. 渠道通路（CA，Channel Access）

渠道通路即如何传播产品价值和服务，首要解决的问题是整合渠道资源，即在快速触达客户的情况下，利用现有的渠道进行整合或导流。

4. 客户关系（CR，Customer Relationship）

客户关系即产品和客户之间保持什么关系，首要解决的问题是搭建客户关系，即在商业模式和客户间建立有深度、有黏性且高频的连接关系。

5. 核心资源（KR，Key Resource）

核心资源即内部资源，是实现价值主张和资源整合的关键因素。核心资源可以是实体资产、金融资产、知识资产或人力资源，它们构成了企业的核心竞争力。

6. 关键活动（KA，Key Activity）

关键活动即要做什么重要事情，是接触业务市场、维系客户关系的基础，包括描述业务流程的安排和资源的配置，比如制造产品、问题解决、平台运营等。

7. 重要伙伴（KP，Key Partner）

重要伙伴即外部资源，是为了有效地创造客户价值而形成的合作关系网络。重要伙伴可能是非竞争者之间的联盟，也可能是竞争者之间的合作。比如上下游伙伴、竞争/合作关系、联盟/非联盟。

8. 成本结构（CS，Cost Structure）

成本结构即支出主要包括什么，是运营一个商业模式所引发的所有成本。成本结构分为成本驱动和价值驱动两种类型。

9. 收入来源（RS，Revenue Source）

收入来源即收入主要包括什么，首要解决的问题是如何实现盈利。商业模式的收入来源就是提供哪些产品价值能够让用户买单，从而实现多维度的产品变现。

了解清楚商业画布的 9 个构造块后，结合商业模式六大闭环，我们就可以系统、客观地做出商业闭环设计。某网贷平台商业闭环设计如图 4-62 所示。

商业画布的使用场景主要包括：规划新产品、迭代老产品、对标竞品、制定产品战略地图，如图 4-63 所示。这些使用场景是为了验证商业模式的强健性，从而合理打造商业模式的核心竞争力。

商业画布可以让产品经理更好地了解商业模式、培养商业思维能力，进而为企业创造价值。由此可见，商业模式一旦形成闭环，就可以使定位战略目标、设计业务形态、规划产品路线图更加高效有逻辑。

| 产品闭环 |

重要伙伴 （KP, Key Partner）	关键活动 （KA, Key Activity）	核心资源 （KR, Key Resource）	价值主张 （VP, Value Proposition）	客户关系 （CR, Customer Relationship）	渠道通路 （CA, Channel Access）	客户细分 （CS, Customer Segmentation）
宜信财富、KPCB、IDG等	精英标、自动投标、债权转让	美国纽交所上市公司、广发银行存管体系（健全的风险管控体系）	让更多人随时随地释放信用价值	宜人币、优惠券、债权关系、借贷关系	宜人贷PC、移动端App	有资金需求的借款人；有闲散资金的出借人
成本结构（CS, Cost Structure）				收入来源（RS, Revenue Source）		
自主研发的软硬件、平台运营费、渠道推广费、第三方服务费				信息咨询服务费、管理咨询服务费、还款管理服务费、提前还款违约金、转让服务费		

图4-62 某网贷平台商业闭环设计

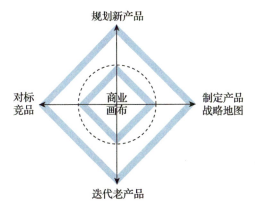

图 4-63 商业画布使用场景

4.8 案例：共享按摩商业闭环设计

随着产业互联网的发展，共享经济产业不断涌现，如雨后春笋般崛起，例如，共享按摩椅、共享单车、共享汽车、共享纸巾、共享雨伞与共享充电宝等均给人们带来生活的便利。

共享经济以互联网为媒介，实现全新模式的共享，符合市场发展规律。共享经济特质包括成本低、建立连接、可持续性，如图 4-64 所示。

图 4-64 共享经济特质

共享按摩切入大众的痛点——传统的按摩无法随时随地进行，且占用太多的时间；制造即时满足的爽点——利用碎片化时间按摩带来的舒适感；找到虚拟自我的痒点——在等车无聊或坐车疲劳时，可得到短暂的放松。

借助互联网平台和流量，共享按摩已经实现资源共享最大化。通过即时的应用场景连接消费者，并持续输出有价值的服务，从而打造共享按摩生态闭环，并发展成为一种新形态的商业模式，如图4-65所示。

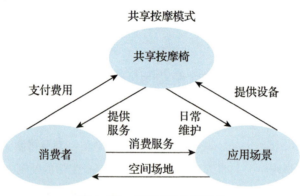

图4-65 共享按摩业务模式

共享按摩椅是典型的共享经济产物，我们在商场、机场、电影院和出租车上，随处可见共享按摩椅的身影。共享按摩椅的本质其实是"分时租赁"，属于典型的大健康产业共享模式。下面我们就以共享按摩椅提供商——头等舱互联、摩摩哒、爽客为例，谈一下它们的商业模式。

4.8.1 头等舱互联商业闭环设计

头等舱互联是一家集研发、生产和销售为一体的、专业的按摩椅制造商。截至 2018 年年底，平台切入多种线下消费场景，涵盖超过 8000 个门店，已投放超过 30000 台共享按摩椅，日订单近 10 万笔，服务过数千万用户。

头等舱互联为各种商业场景打造全新的按摩椅体验和商业模式，旨在提升客户体验和满意度。头等舱互联商业闭环设计如图 4-66 所示。

- 价值主张（VP）：让 3 亿中国人轻松享受按摩。
- 关键活动（KA）：共享按摩椅的研发、生产和销售、互联网软件开发、电商运营。
- 核心资源（KR）：高技术研发团队、智能科技的生产设备、数十项专利和软件著作权、多家投资机构的风险投资。
- 重要伙伴（KP）：梅花天使、真顺基金、华创资本、德沣资本、辰星辉月、不惑创投和真格基金。
- 客户关系（CR）：自主经营模式、利润分成模式。
- 客户细分（CS）：代理商如商家或个体户；场所商如商场、超市、汽车站、影院、酒店、游乐场、机场、餐厅、健身房等。
- 渠道通路（CA）：头等舱互联平台。
- 成本结构（CS）：设备生产与维护、平台运营与推广、软件开发。
- 收入来源（RS）：设备销售、商家加盟费、按摩利润分成。

4.8.2 摩摩哒商业闭环设计

摩摩哒以"缓压等候区集成产品"的运营理念、商业模式和整体投资，与终端商联合运营，为客户提供健康缓压的按摩服务。摩摩哒商业闭环设计如图 4-67 所示。

| 产品闭环 |

头等舱互联商业闭环设计
· 朱学敏 2018-11-12
头等舱互联是一家集研发、生产和销售为一体的、专业的按摩椅制造商

重要伙伴 （KP, Key Partner）	关键活动 （KA, Key Activity）	价值主张 （VP, Value Proposition）	客户关系 （CR, Customer Relationship）	客户细分 （CS, Customer Segmentation）
梅花天使、真顺基金、华创资本、德汛资本、辰星辉月、不惑创投和真格基金	共享按摩椅的研发、生产和销售、互联网软件开发、电商运营	让3亿中国人轻松享受按摩	自主经营模式利润分成模式	代理商： 商家或个体户 场所商： 商场、超市、汽车站、影院、酒店、游乐场、机场、餐厅、健身房等
	核心资源 （KR, Key Resource）		渠道通路 （CA, Channel Access）	
	高技术研发团队，智能科技的生产设备，数十项专利和软件著作权，多家投资机构的风险投资		头等舱 互联平台	

成本结构（CS, Cost Structure）	收入来源（RS, Revenue Source）
设备生产与维护、平台运营与推广、软件开发	设备销售、商家加盟费、按摩利润分成

图 4-66 头等舱互联商业闭环设计

第4章 产品之"术"

摩摩哒商业闭环设计
·朱学敏 2018-11-18
摩摩哒是基于"互联网+等候时间"的"微SPA"疲劳舒缓解决方案

重要伙伴 （KP, Key Partner）	关键活动 （KA, Key Activity）	价值主张 （VP, Value Proposition）	客户关系 （CR, Customer Relationship）	客户细分 （CS, Customer Segmentation）
母公司荣泰健康、万达传媒、CGV影城、星轶影城、小米匠心、保利影城、金逸影城和中环影城	O2O智能缓压服务平台，为等候区人群提供缓压服务	缓压等候区 集成产品 用零钱做微SPA	摩豆、积分、优惠券	消费者： 服务18~45岁处于亚健康状态的商务白领人士 运营商： 360多个城市的机场、高铁站、电影院、商场、酒店、CBD、医院等
	核心资源 （KR, Key Resource）		渠道通路 （CA, Channel Access）	
	上市公司荣泰旗下品牌，网点遍布300多个城市，全国90%影院覆盖率，累计服务6000多万人次		摩摩哒平台、移动端App、H5	
成本结构（CS, Cost Structure）			收入来源（RS, Revenue Source）	
自主研发的软硬件、设备投放、运行与售后服务、平台运营与推广			设备销售、招商加盟、VSPA服务费	

图4-67 摩摩哒商业闭环设计

| 产品闭环 |

- 价值主张（VP）：缓压等候区集成产品、用零钱做微 SPA。
- 关键活动（KA）：打造 O2O 智能缓压服务平台，为等候区的商业人群提供缓压服务。
- 核心资源（KR）：上市公司荣泰旗下品牌，网点遍布 300 多个城市，全国 90% 影院覆盖率，累计服务 6000 多万人次。
- 重要伙伴（KP）：母公司荣泰健康、万达传媒、星轶影城、CGV 影城、小米匠心、保利影城、金逸影城和中环影城。
- 客户关系（CR）：摩豆、积分、优惠券。
- 客户细分（CS）：消费者包括服务 18~45 岁处于亚健康状态的商务白领人士；运营商包括 360 多个城市的机场、高铁站、电影院、商场、酒店、CBD、医院等。
- 渠道通路（CA）：摩摩哒平台、移动端 App、H5。
- 成本结构（CS）：自主研发的软硬件、设备投放、运行与售后服务、平台运营与推广。
- 收入来源（RS）：设备销售、招商加盟、VSPA 服务费。

4.8.3　爽客商业闭环设计

爽客致力于打造安全舒适的智能设备，为更多人提供舒适、便捷的按摩服务。截至 2018 年年底，爽客已与 1100 多家商户合作，共铺设超 12 万台智能设备，覆盖 2000 多个市县城市，近 12000 家线下场所，累计服务人数 2000 多万。

爽客通过线下铺设按摩椅，线上操作统计的商业模式，深入挖掘人们对于休闲放松的需求，将智能按摩椅商用奢侈的传统理念打碎，开创按摩体验闭环的生态体系。爽客商业闭环设计如图 4-68 所示。

第4章 产品之"术"

爽客 商业闭环设计 · 朱学敏 2018-11-25 爽客致力于打造安全舒适的智能设备,为更多人提供舒适、便利的按摩服务				
重要伙伴（KP, Key Partner）	关键活动（KA, Key Activity）	价值主张（VP, Value Proposition）	客户关系（CR, Customer Relationship）	客户细分（CS, Customer Segmentation）
途家、奔驰、高铁站、维也纳酒店、7天连锁酒店、丽枫、银座、悦途出行、航美传媒、希尔顿	线下铺设按摩椅,线上提供按摩服务	舒适无处不在	爽客币、加盟	合作商：商户、企业个人场所商：酒店、高铁站、餐厅、影院、茶楼、网吧、健身房、会所
	核心资源（KR, Key Resource）		渠道通路（CA, Channel Access）	
	120000多合铺设量,1100多家合作商户,12000多个场所覆盖,年服务上亿用户		爽客平台移动端App、H5、微信、Web	
成本结构（CS, Cost Structure）			收入来源（RS, Revenue Source）	
设备的生产、铺设、运行与售后服务、软件技术研发、平台运营			设备服务费、商务合作	

图4-68 爽客商业闭环设计

- 价值主张（VP）：舒适无处不在。
- 关键活动（KA）：线下铺设按摩椅、线上提供按摩服务。
- 核心资源（KR）：120000 多台铺设量，1100 多家合作商户，12000 多个场所覆盖，年服务上亿用户。
- 重要伙伴（KP）：途家、奔驰、高铁站、维也纳酒店、7天连锁酒店、丽枫、银座、悦途出行、航美传媒、希尔顿。
- 客户关系（CR）：爽客币、加盟。
- 客户细分（CS）：合作商包括商户、企业、个人；场所商包括酒店、影院、高铁站、茶楼、餐厅、网吧、健身房、会所。
- 渠道通路（CA）：爽客平台、移动端 App、H5、微信、Web。
- 成本结构（CS）：设备的生产、铺设、运行与售后服务、软件技术研发、平台运营。
- 收入来源（RS）：设备服务费、商务合作。

共享按摩作为共享经济的产物，本质是利用用户的碎片化等候时间快速变现，从而打造一个以按摩椅为核心的商业闭环。

4.9 用 RFM 模型细分用户价值

数据是一切分析的前提。在数据驱动时代，数据已经变得越来越重要。谁掌握了数据，谁就赢得了用户、市场和流量。

比如一些做数据监控、用户征信、风控管理、数据接口及数据分析的公司，积累了大量的数据后，就会搭建一个数据服务平台,从而实现数据的商业化价值。

数据的价值不在于数据本身,而在于设计有价值的指标,并通过科学有效的手段去分析。对用户的数据进行分析,关键在于如何选择一个高效的分析模型。我们可以综合业务流程、应用场景、运营指标和分析策略选择模型,进而对数据进行分析,最终得到分析结果,以便采取下一步运营策略。

数据分析过程常用的分析模型包括:PEST分析法、4P营销理论、逻辑树分析法与RFM模型等。在日常数据运营的过程中,对客户进行精细化营销时,最常用的一个模型是RFM模型,如图4-69所示。

图4-69 RFM模型

RFM模型是一种基于用户消费行为的人群细分方法。RFM模型从客户的业务数据中提取三个指标:最近一次消费时间(Recency)、消费频率(Frequency)和消费金额(Monetary),以衡量用户的活跃度、忠诚度和贡献度。

❑ R(Recency):最近一次消费时间,即客户最近一次消费距离现在的时间。R值越小,表示消费时间越近,一定程度上体现客户的活跃度越高。

❑ F(Frequency):消费频率,即客户在统计周期内消费的次数。F 值越大，表示消费频率越高，一定程度上体现客户的忠诚度越高。

- M（Monetary）：消费金额，即客户在统计周期内消费的金额。M 值越大，表示消费金额越高，一定程度上体现客户的贡献度越高。

通过 R、F、M 三个维度，将客户细分为 8 个具有不同价值的群体：重要价值客户、重要发展客户、重要挽留客户、重要保持客户、一般价值客户、一般发展客户、一般挽留客户与一般保持客户，如图 4-70 所示。

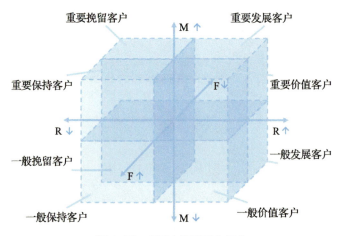

图 4-70　RFM 模型用户细分

RFM 模型被广泛应用于金融领域。以网贷平台出借人为例，我们根据浏览、充值与投资等维度，重新定义 RFM 模型，并将其量化为具体的分析指标。

- 最近消费时间（Recency）：最近浏览时间、最近充值时间、最近投资时间。

- 消费频率（Frequency）：浏览次数、充值次数、投资次数。
- 消费金额（Monetary）：充值金额、投资金额。

比如我们要统计近三个月内的投资情况，并细分客户价值。首先，确定 R、F、M 每个维度对应范围内的投资分值，如表 4-1 所示。

表 4-1 RFM 模型投资分值

R	F	M	投资分值
≤2 天	>30 次	>50 万元	5
≤7 天	≤30 次	≤50 万元	4
≤30 天	≤15 次	≤20 万元	3
≤60 天	≤5 次	≤10 万元	2
>60 天	≤1 次	≤5 万元	1

其次，在系统后台或数据库爬取数据后，根据出借人最近投资距今天数、累计投资次数、累计投资金额进行打分，如表 4-2 所示。

表 4-2 RFM 模型投资打分

用户 ID	R	F	M
1	2	4	3
2	4	2	5
3	5	5	1
⋮	⋮	⋮	⋮
$n-1$	3	1	4
n	4	5	5
平均值	3.75	2.23	2.86

然后，对比打分表、分值表，确定 R、F、M 每个维度的高低取值，以便确认客户类型，如表 4-3 所示。

表 4-3　RFM 模型细分客户

用户 ID	R	F	M	分　类
1	低	高	高	重要保持客户
2	高	低	高	重要发展客户
3	高	高	低	一般价值客户
⋮	⋮	⋮	⋮	⋮
$n-1$	低	低	高	重要挽留客户
n	高	高	高	重要价值客户

接着，统计各个客户类型的总数，结合表 4-4 可知，重要价值客户 25200 人、重要保持客户 58260 人、重要发展客户 42766 人、重要挽留客户 25432 人、一般价值客户 388670 人、一般保持客户 178620 人、一般发展客户 367000 人、一般挽留客户 82489 人。

表 4-4　用户类型统计

R 分类	F 分类	M 分类	客户类型	合计（人）
高	高	高	重要价值客户	25200
低	高	高	重要保持客户	58260
高	低	高	重要发展客户	42766
低	低	高	重要挽留客户	25432
高	高	低	一般价值客户	388670
低	高	低	一般保持客户	178620
高	低	低	一般发展客户	367000
低	低	低	一般挽留客户	82489

最后，将得到的客户细分数据可视化，如图 4-71 所示，以便我们有针对性地采取运营策略，实现更加精准化的营销。

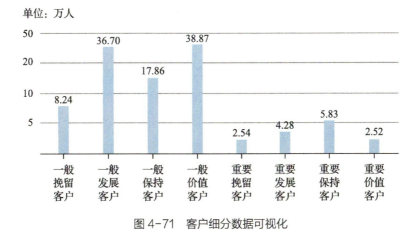

图 4-71　客户细分数据可视化

1. 重要价值客户

最近投资时间近、投资频次高、投资金额高的出借人，这类客户是平台的"金主"，需要重点服务，争取价值最大化。

2. 重要保持客户

最近投资时间久、投资频次高、投资金额高的出借人，这类客户价值大但活跃度不高，需要主动回访，并保持联系。

3. 重要发展客户

最近投资时间近、投资频次低、投资金额高的出借人，这类客户价值大但忠诚度不高，需要重点发展，挖掘客户的潜力。

4. 重要挽留客户

最近投资时间久、投资频次低、投资金额高的出借人，这类客户价值大但贡献度不高，需要采取激励措施去挽留或唤醒。

5. 一般价值客户

最近投资时间近、投资频次高、投资金额低的出借人，这类客户为普通客户，可保持现有状态，采取一对多的形式服务。

6. 一般保持客户

最近投资时间久、投资频次高、投资金额低的出借人，这类客户为沉默客户，可以尝试唤醒，但不要消耗太多的资源。

7. 一般发展客户

最近投资时间近、投资频次低、投资金额低的出借人，这类客户为新增客户，需要合理引导，将其转化为高净值用户。

8. 一般挽留客户

最近投资时间久、投资频次低、投资金额低的出借人，这类客户为睡眠客户，基本是要放弃的，杜绝"羊毛党"和黑名单用户。

用 RFM 模型做数据分析就是为了找出有价值的客户，以便区分不同出借人对公司带来的不同效益。根据二八定律，80% 的效益来自 20% 的出借人投资，所以我们要把 80% 的资源花在能出关键效益的 20% 优质客户上，如图 4-72 所示。

一个公司的资源和人力是有限的，很难服务好每一种类型的客户。重要价值客户、重要保持客户、重要发展客户与重要挽留客户是我们的目标用户和关键资源，因此要重点关注。

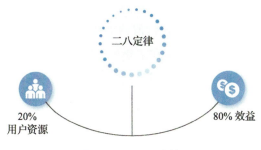

图 4-72　二八定律

对于以上 4 类优质客户，我们可以制定个性化服务和运营策略，并针对这部分客户进行差异化营销，如图 4-73 所示。

图 4-73　优质客户

❑ 对于重要价值客户，我们可以采取定向推送大额高利息标的的方式。

❑ 对于重要保持客户，我们可以采取投资标的可加息或返现的方式。

❑ 对于重要发展客户，我们可以采取建立用户成长激励体系的方式。

❑ 对于重要挽留客户，我们可以采取投资即可获得抽奖机会的方式。

RFM 模型是衡量客户价值的重要工具，为我们做数据分析提供了一种思路与方法。在工作中，RFM 模型可以指导产品经理做出更为客观与理性的决策。

数据分析是必修课之一，只有具有一定的数据分析能力，才能更好地提升工作效率。很多企业在招聘产品经理时，会把数据分析能力作为硬性条件，要求掌握数据分析的基本原理与分析方法，并能运用到工作中。在充满竞争的职场，最先理解数据并擅长数据分析的产品经理才有可能成为职场赢家。

4.10 北极星指标是用户增长的闭环

北极星指标在用户增长中是一个常用的词。之前，我带领公司增长团队 GrowthMan 做用户增长时，把获客作为北极星指标。但面对的首要问题是获客过程中用户获取成本增加和用户生命周期变短，如图 4-74 所示。

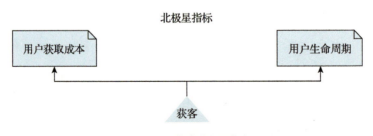

图 4-74 获客北极星指标

为此，我们把获客作为指导产品发展的假设指标，通过一系列的运营策略和 A/B 测试，去验证事态是否在往我们预期的方向走，即通过获客去验证客户需求的合理性和商业模式的可行性。

我们结合了平台的战略目标、产品策略和客户价值等因素，通过一些业务、推广、技术、运营等手段，去改进产品、完善服务和优化体验，但最核心的目标是解决用户痛点与实现产品变现，如图 4-75 所示。

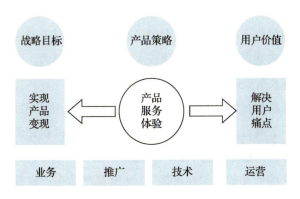

图 4-75　北极星指标业务模式

之所以把获客作为北极星指标，是因为该指标是运营最为关注的指标，也是用户增长需要着力解决的第一指标。

1. 什么是北极星指标？

北极星指标又叫唯一重要指标（One Metric That Matters，OMTM），就像北极星一样，高高闪耀在天空中，指引着公司所有人员向着同一个方向迈进。

| 产品闭环 |

直白地说,北极星指标就是把商业闭环设计的核心价值主张,作为用户增长的第一关键指标,为公司发展提供正确的选择方向。

2. 如何确定北极星指标?

在互联网产品商业服务、市场推广、产品设计与产品运营阶段,我们都是围绕"产品特性"去完成各个阶段的指标任务。产品特性首要考虑的是当前产品规划、市场情况、客户需求和数据驱动。

在确定北极星指标的过程中,有些平台盲目蹭增长黑客的热点,过度吹嘘自己软件服务化或大数据平台的能力,而忽略了产品特性以及所处的发展阶段。

北极星指标既是产品设计的关键点,又是用户增长的痛点。平台在不了解自己产品的特性前,过度搬抄一些指标而不做可行性数据分析,也没有基于客户行为数据做更深的分析时,会导致设计出来的产品成为"四不像",既没有产品亮点和着重点,也忽略了客户的痛点。

3. 如何选择北极星指标?

北极星指标一定是与公司的战略目标、产品策略或用户价值相关,是产品成功的关键指标,可以驱动产品策略的执行。

以拼多多、知乎和自如等互联网产品为例,它们的北极星指标取决于商业模式和核心价值,如表4-5所示。

表 4-5 部分平台北极星指标关键因素

案例	商业模式	核心价值	北极星指标
拼多多	社交电商	为广大用户提供物有所值的商品和有趣的互动购物体验	网站成交金额
知乎	问答社区	以让每个人高效获得可信赖的解答为使命	问题回答数
自如	租房市场	为客户提供高品质居住产品与生活服务	订单数

用户增长的主线是基于 AARRR 模型，所以我们可以根据用户场景将北极星指标细分为：获取用户、促进活跃、提高留存、获取收入与自主传播关键指标，如图 4-76 所示。

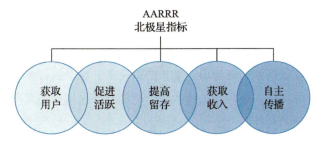

图 4-76 AARRR 北极星指标细分

- 获取用户关键指标包括：自然注册用户数、渠道注册用户数、出借用户数等。
- 促进活跃关键指标包括：浏览量（PV）、访客数（UV）、日活跃用户数等。
- 提高留存关键指标包括：累计充值金额、累计出借金额、用户复投率等。
- 获取收入关键指标包括：出借金额、标的期限、标的利率和满标放款时间等。

❏ 自主传播关键指标包括：邀请好友投资金额、活动专题分享次数等。

当选好北极星指标之后，我们需根据产品特性和用户行为做数据分析。数据分析强调即时性和正确性，即通过正态分布将抓取的数据聚焦在当前正确的唯一一个数据上。就像北极星指标一样，它让数据分析有一个着重点和立脚点，借助数据分析去完成产品设计，不断地迭代尝试，从而验证产品的可行性。

北极星指标不是一成不变的。当一个阶段的指标达到后，我们会去实施另外一个阶段的指标。比如在获客阶段，北极星指标过多的时候，我们要学会做减法或排优先级。基于闭环理论去分析产品的关键点，通过一些特定的场景分析，找到产品成功的关键指标。

北极星指标是驱动用户增长的第一步，也是执行运营策略至关重要的一步。给产品选择一个合适的北极星指标是对产品结果负责。

4.11 基于 Python 的好友数据可视化

数据可视化是将数据通过图形化的方式表示出来，即在数据的基础上，借助可视化图形描述一个或多个数据模式和用户属性。

一图胜千言，数据可视化是支撑数据分析的重要手段之一。它借助图形化的手段，准确、清晰、简洁、有效地传达与沟通信息，可以帮助我们解释现象、分析问题，并做出有效的决策。

在大数据时代,用户和系统产生的数据都是非常庞大的,数据可视化可以将抽象的数据具体化并直观地表达出来。很多互联网企业,尤其金融公司,都在逐步应用数据可视化,通过数据分析和图表统计,了解整体趋势和数据规律,从而把控事态的发展。

做数据可视化分析的重点在于从业务的角度出发,选择合适的工具、解析正确的数据、选择简洁的图表,即在可视化输入(数据分析)、可视化处理(系统编码)和可视化输出(图形设计)上形成一个闭环。

以微信好友的数据可视化为例,我用Python3.6中的itchat、pytesseract、Pandas、Matplotlib、plotly、xlrd和xlrt库,对2640位微信好友进行可视化编码和数据分析,并把数据以柱状图、饼状图、折线图、雷达图等形式展示出来。

其中,好友的昵称、地区、性别、签名等信息是直接获取的。一部分数据是非直接读取微信接口内容,需通过对爬取的数据重新解析和抽样统计获取,结果与实际会存在微小的差距。比如获取好友朋友圈内容类型,我是通过对内容的一些关键词打标签,再按分析维度去解析复制的内容。

1. 好友性别分析

利用itchat库获得好友性别信息,经可视化分析,结果显示男性2381位、女性227位、未知(没有设置性别)32位,如图4-77所示。男性朋友是女性的10倍多,比例严重失调,这估计与我所处的IT圈子有关系,大部分是工科男。

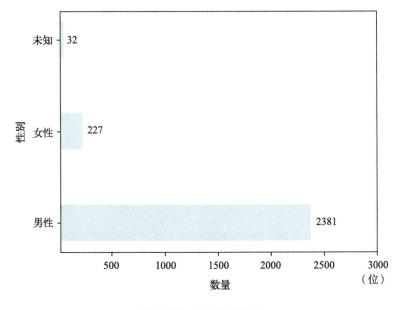

图 4-77 好友性别统计

条形图主要用来展示数据的多少。本案例中，通过条形图，我们能够直观看出性别数据关系，及数据之间的差别。

2. 好友类型分析

利用 itchat 获取好友类型，经可视化分析，结果显示同事 660 位、朋友 898 位、同学 554 位、亲属 106 位、客户 290 位、其他 132 位，如图 4-78 所示。其中朋友的基数最大，大部分是同事、粉丝、读者、普通朋友和同爱好的小伙伴。

柱状图利用柱子的高度反映数据的差异。本案例中，通过柱状图对好友类型数据进行展示，我们可清晰地看出数据差异。

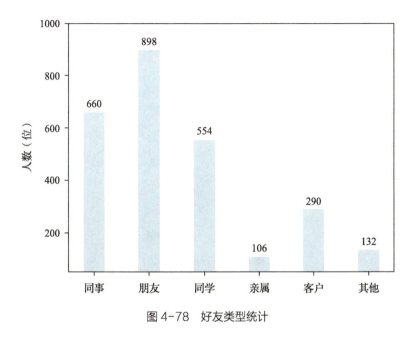

图 4-78 好友类型统计

3. 好友比例

对好友类型进行分析后,我们用饼状图直观展示各类好友占比情况,如图 4-79 所示。其中,同事占 25.0%、朋友占 34.0%、同学占 21.0%、亲属占 4.0%、客户占 11.0%、其他占 5.0%。从中可知朋友比例占总数的三分之一,估计是我人脉圈子积累的一个过程。

饼状图主要显示各个数据项的大小与比例。本案例中,饼状图直接以图形的方式呈现各类好友所占的比例,让用户对数据更加清晰明了。

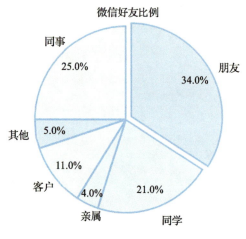

图 4-79 好友类型比例

4. 好友数量及趋势分析

分析 2019 年上半年的数据，我将每月好友总数做成柱形图，而将每月增长好友数做成折线图。结合图 4-80 可知，其中 1 月好友总数 2018 位、2 月 2240 位、3 月 2449 位、4 月 2512 位、5 月 2610 位、6 月 2640 位。折线图表示每月新增好友数，其中 1 月新增好友 180 位、2 月 222 位、3 月 209 位、4 月 63 位、5 月 98 位、6 月 30 位。

线柱图反映了各个方面的数量状况以及趋势。本案例中，线柱图能够统计不同月份的好友数量，并比较好友增长的趋势情况。

5. 好友城市分布

结合图 4-81 可知，好友城市分布排名 Top 6 依次为：深圳、北京、广州、上海、杭州、郴州。其中深圳好友最多，应该与我工作的城市有关系。

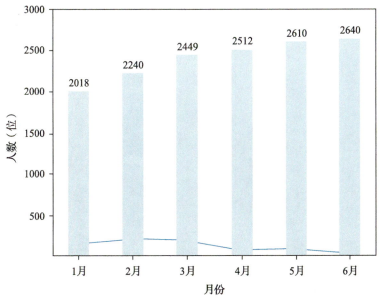

图 4-80　好友数量及变化趋势

直方图对于查看数据点的分布非常有用。本案例中，通过直方图，我们可以很直观地看出好友城市分布的中心位置以及数据的离散程度等。

6. 朋友圈内容条数

我按周统计了近一个月好友发布朋友圈条数的变化情况。结合图 4-82 可知，第一周朋友圈发布内容 33000 条、第二周 35600 条、第三周 26200 条、第四周 27800 条。其中第二周发布内容最多，平均每人每天将近 2 条。

| 产品闭环 |

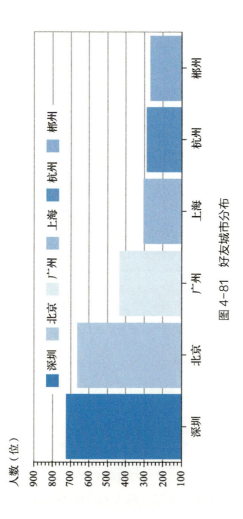

图4-81 好友城市分布

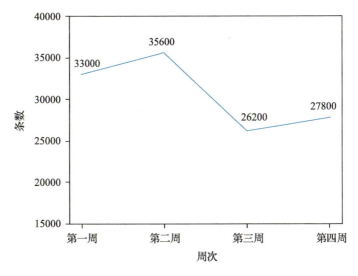

图 4-82　近一个月朋友圈发布情况

折线图可以显示随时间而变化的连续数据。本案例中，通过折线图，我们可以清楚地看到在相等的时间间隔下，朋友圈内容条数的趋势。

7. 朋友圈内容类型

我给朋友圈内容打上标签后，可见发布的内容类型为孩子、旅游、美食、工作、自拍、创业、恋爱与广告，如图 4-83 所示。其中广告、自拍、创业和美食的权重占前四，且广告是最多的。

雷达图主要显示多个变量数据的关注度。本案例中，通过雷达图，我们可以直观地将内容分享类型的维度态势与标准线进行比较，这样就可以清楚地看出某类型内容的重要性与类型间的差距。

| 产品闭环 |

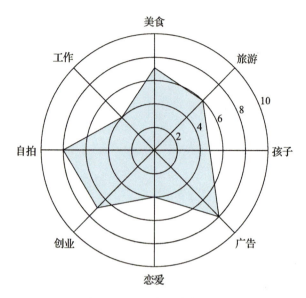

图 4-83 朋友圈内容类型

数据可视化是一个强有力的分析工具，可以让数据呈现得更直观、更简单。做数据可视化，首先要获取用户数据，其次对数据进行清洗与分析，最后以图形化的形式展示。

通过数据可视化洞察数据，我们可从中发现用户行为规律并制定相应策略。

4.12　B 端赋能：打造车生活服务平台

随着产业互联网的发展，B 端市场被视为互联网的下半场。汽车后市场是 B 端市场的一个大领域，有很大的发展空间。

据数据统计显示，2019 年我国汽车保有量近 2.5 亿辆，汽车后市场规模达到了万亿级，如图 4-84 所示。打开万亿级汽车后市场,已经成为汽车相关企业的核心战略布局。比如京东收购淘汽档口公司,腾讯入股途虎养车,苏宁汽车联手柚紫养车,滴滴出行成立小桔车服,金固股份汽车超人与阿里天猫汽车合并成天猫车站等。

图 4-84　中国汽车保有量统计

随之而来的是汽车后市场消费群体发生变化,发展空间受到汽车相关企业的追捧,像途虎养车、乐车邦、车点点、汽车之家、车轮、车自主、平安好车主、汽配猫等,都成了细分汽车后市场的头部平台。整体来说,通过 B 端赋能,打造车生活服务平台,关键在于从汽车后市场的商业模式、消费场景到服务生态形成闭环。

4.12.1　商业模式闭环

构建商业模式闭环,重点是了解业务模式和熟悉每个业务环节。汽车后市场的商业模式,实际就是解决如何持续盈利,并实现自身业务持续增长的问题。

产业互联网给 B 端下沉市场带来了巨大的变化，很多汽车相关企业都向 To B 转型，各种商业模式层出不穷。汽车后市场的商业模式强调 B 端赋能：链接大 B（汽配厂商）、吸引小 B（4S 店、连锁经营店、个体汽修店）、服务小 C（消费车主）。

以天猫车站为例，其商业模式是将汽车超人、天猫汽车和康众汽配整合成天猫车站，致力于平台运营、供应链仓配等汽车后市场基础设施建设，从而构建 S2B2C 的汽车后市场生态圈，实现可复制的商业模式闭环，如图 4-85 所示。

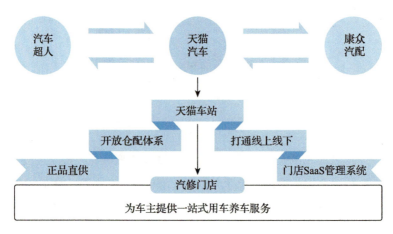

图 4-85 天猫车站商业模式

- 在上游供应链端，通过汽车超人和康众汽配的整合，开发仓配体系，实现车后品牌商的全覆盖。
- 在中游平台端，通过天猫汽车将阿里平台 1.4 亿车主流量导入，利用此流量去触达更多的车主用户，进行精准的服务推送。

❑ 在下游服务端，汽车超人通过门店 SaaS 管理系统，赋能改造线下汽修门店，从而打通线上线下。

通过 B 端赋能，融合线上线下，创造新的商业模式。针对商业模式的可行性，我们可以在产品冷启动阶段，构建 MVP，验证业务模式是否走通、用户刚需是否解决、商业盈利是否实现。让商业模式形成闭环，有助于我们明确产品定位、做好战略规划、找准目标客户。

4.12.2 消费场景闭环

消费场景是汽车后市场的下一个增长点，场景式用车养车的需求增长迅猛。但消费场景快速变化，我们不可盲目设计，一定要契合用户的偏好和习惯。

构建场景化的消费新模式，需要强化特定的消费场景，包括洗车、美容、保养、维修、救援、加油站、充电桩、停车场、车险、车贷、租赁、二手车、违章查询等，从而提供线上线下一体化的消费场景闭环服务，如图 4-86 所示。

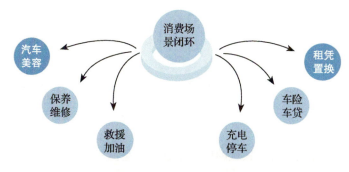

图 4-86 车消费场景闭环

| 产品闭环 |

平台以车主和门店服务对象,为车主定制场景化的消费体验,为门店打造营销闭环。通过用户导流和平台采集,为汽美门店赋能,实现线上线下无缝对接。

消费激发新场景,场景创造新需求。在消费场景设计方面,车轮就做得很好。车轮以违章查询作为汽车后市场的切入点,触及车主真正的需求痛点。经过几年的平台运营和产品迭代,车轮用户规模已经达亿级,并以此衍生出车生活相关的业务。此外,车轮积极构建消费场景闭环,满足车主生活场景的多样化需求。

4.12.3 服务生态闭环

汽车后市场是一个服务型的市场,发展方向大体可分为:用车养车、汽车租赁、汽车金融、汽车保险、二手车、汽车资讯、汽车电商服务领域,如图 4-87 所示。

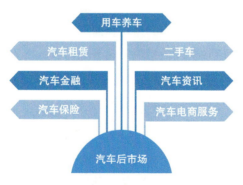

图 4-87 汽车后市场

连接汽车各个领域的服务生态链,是汽车后市场的未来发展方向。通过 B 端赋能,围绕汽车后市场产业链,整合线上平台与线下门店，在车辆的生命周期内，形成完整的服务生态闭环。

我们通过整合汽车配件厂商的供应链资源，利用汽配电商平台为线下汽修门店赋能，进而为车主提供省心、省钱、省时的车生活服务，根本目的是盘活整个汽车后市场，构建起一个全新的汽车服务生态闭环。汽配电商平台业务模式如图4-88所示。

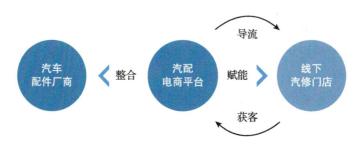

图4-88 汽配电商平台业务模式

目前国内有3亿多车主，对于车主来说，他们希望能够有一个车管家解决所有的用车和养车服务。做汽车后市场需要一站式服务解决方案，核心在于打通线上线下，通过全方位赋能，解决线下服务与线上整合的问题。最典型的就是车轮，其为用户提供学车、用车、行车、养车等全方位的服务，在汽车后市场中占据主要地位。

闭环式服务模式的兴起，将切入车主痛点，整合平台资源，提供门店赋能，从而实现持续的深度经营，并更好地提供服务。通过整合供应链上下游企业，专注B端赋能线下汽修门店，提供车生活服务全产业链支持，带动汽车后市场业务快速增长。

在完成汽车后市场的布局后，通过B端赋能，围绕车生活建立一站式服务平台，并构建自身竞争优势，是所有汽车相关企业的终极目的。

4.13 B 端渠道运营的闭环分析

产业互联网正发力 B 端下沉市场，B 端渠道运营首要解决的就是获客问题，关键在于如何打破流量壁垒。

流量本身解决的就是获客问题。一方面可以利用流量思维，提高企业的获客效率，降低渠道运营的边际成本和沉没成本；另一方面可以通过私域流量建立流量池，获取 B 端客户流量，帮助企业走出获取流量越来越贵、留存与转化越来越难的困境。

在流量碎片化时代，渠道流量主要来源于用户直接访问、关键词搜索引擎、第三方付费推广。打破 B 端产品获取流量壁垒，需要让 B 端产品、渠道运营和客户合作建立联际，从而打造流量分析体系，如图 4-89 所示。直白地说，连接 B 端产品，打通各个渠道，构建客户业务和行为数据池，打造企业的关键意见领袖（KOL），完成渠道运营的投资回报率（ROL）目标。

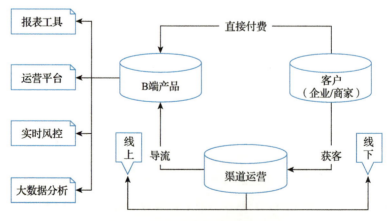

图 4-89 B 端产品获取流量业务模式

B端渠道运营需要了解自家产品特性和渠道转化情况,关键在于内容投放、渠道推广和流量分析,形成一个渠道流量的闭环分析。

4.13.1 内容投放

当前B端市场没有一个成熟的投放体系,导致B2B企业的内容投放无法做到用户、场景的精准化,从而增加了额外的投放沉没成本。

好的B端产品获客是在确保内容投放准确的前提下,降低渠道运营的成本。通过多样化的内容投放,实现B端用户和业务的增长并不容易。对产品或服务实现不同场景下的内容投放,要充分利用各个内容投放渠道的优势,且投放的内容要根据不同的渠道进行策略调整。

以B端供应链金融公司的企业贷投放为例,为了实现对上游企业和中下游企业不同场景下的内容投放,以便更好地触达目标用户,节约运营成本,提升供应链效率,并获取更多的渠道流量,我们可以以页面的操作路径和跳出详情为切入点,调整页面内容,对SEM/SEO进行关键词优化,引导企业对内容进行调整,不断优化投放效果,如图4-90所示。

制定B端产品运营策略,完成渠道内容投放,在不同渠道获取更多的目标用户流量,利用流量为产品引流和变现,从而使产品在生命周期内实现良性循环。

4.13.2 渠道推广

渠道推广是B端渠道运营中很重要的一个环节,关键是将推广信息有效地传达给目标客户,从而实现渠道引流和转化。渠道推广并找到有效的流量入口,已经成为各企业当前急需解决的问题。

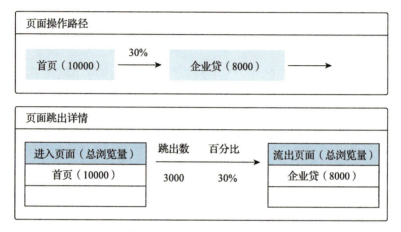

图 4-90　用户访问路径分析

为公司开拓新的流量渠道,一般优先选择体量大、性价比高或免费的渠道,作为获取流量的主要入口。整合渠道资源,打通各个渠道,获取全面的流量支持,实现对各个渠道的有效管理,包括渠道名称、注册人数、添加时期、CPA、CPS、渠道开关、操作。千里马渠道管理如图 4-91 所示。

渠道质量指商品和服务从生产者向消费者转移过程的具体通道或路径的优劣程度。因 B2B 企业的营销预算成本和可支配资源有限,为了更好地对 B 端渠道运营效果和投资回报率负责,必须对各个合作渠道进行质量评估。我们可以从渠道获客的实名数量、实名率、H5 注册量和 App 下载注册量等指标,去衡量一个渠道的质量,对渠道进行阶段性的优化和调整,从而辨别优质渠道。千里马在某时间段的渠道质量如图 4-92 所示。

序号	渠道名称	注册人数	添加日期	CPA(元)	CPS(元)	渠道开关	操作		
1	千里马	888	2018-04-22	8.88	8.88	开	二维码	编辑	删除
2	千里马	888	2018-04-22	8.88	8.88	关	二维码	编辑	删除
3	千里马	888	2018-04-22	8.88	8.88	关	二维码	编辑	删除
4	千里马	888	2018-04-22	8.88	8.88	开	二维码	编辑	删除
5	千里马	888	2018-04-22	8.88	8.88	关	二维码	编辑	删除
6	千里马	888	2018-04-22	8.88	8.88	开	二维码	编辑	删除

图4-91　千里马渠道管理

序号	渠道名称	实名数量	实名率	H5注册量	App下载注册量
1	千里马	18 888	68.82%	10 308	7580(46.15%)
2	千里马	18 888	68.82%	10 308	7580(46.15%)
3	千里马	18 888	68.82%	10 308	7580(46.15%)
4	千里马	18 888	68.82%	10 308	7580(46.15%)
5	千里马	18 888	68.82%	10 308	7580(46.15%)
6	千里马	18 888	68.82%	10 308	7580(46.15%)

图4-92　千里马渠道质量

渠道用户是产品使用过程中的客户，包括企业、服务商、代理商或商家等。对各个渠道用户数据进行分析，了解用户的身份、属性、习惯、偏好等，可以帮助 B2B 企业实现精准营销，以便有效提升 B 端渠道获客的转化率。我们可以从注册时间、最近登录时间、访问 IP 地址、申请产品、申请时间和获客入口来源等维度，实现从投放到转化的全链路数据分析，从而量化用户价值。千里马渠道用户数据如图 4-93 所示。

序号	注册时间	渠道名称	手机号码	IP	产品名称	申请时间	登录时间	入口来源
1	2018-04-01	千里马	13632832053	10.0.17.30	企业贷	2018-04-01	2018-04-01	iOS
2	2018-04-01	千里马	13632832053	10.0.17.30	企业贷	2018-04-01	2018-04-01	iOS
3	2018-04-01	千里马	13632832053	10.0.17.30	企业贷	2018-04-01	2018-04-01	安卓
4	2018-04-01	千里马	13632832053	10.0.17.30	企业贷	2018-04-01	2018-04-01	iOS
5	2018-04-01	千里马	13632832053	10.0.17.30	企业贷	2018-04-01	2018-04-01	安卓
6	2018-04-01	千里马	13632832053	10.0.17.30	企业贷	2018-04-01	2018-04-01	iOS

图 4-93 千里马渠道用户数据

4.13.3 流量分析

流量分析指对有关网站访问数据进行统计、分析，从中发现用户规律，或活动中可能存在的问题，以便及时掌握渠道运营效果，优化渠道运营策略。

一般分析渠道流量，主要是对总访问（PV）、独立访客数（UV）的数据进行分析。对 B 端产品而言，这里的 PV、UV 不再单纯是获取点击事件，而是完成一个事件的有效点击。以供应链金融公司的企业贷为例，我们分析渠道的总访问量和总访客数等数据，通过对数据分析驱动渠道优化，如图 4-94 所示。

序号	产品ID	产品名称	PV （总访问量/万）	UV （总访客数/万）	操作
1	PMLink	企业贷	888	66	详情
2	PMLink	企业贷	888	66	详情
3	PMLink	企业贷	888	66	详情
4	PMLink	企业贷	888	66	详情
5	PMLink	企业贷	888	66	详情
6	PMLink	企业贷	888	66	详情

图 4-94　企业贷渠道流量统计

PV/UV 是衡量 B 端渠道转化率、跳失率的主要指标，我们按日统计企业贷渠道的 PV/UV 详情，分析 PV/UV 值产生是否合理以及整体趋势，并实时风控监测，避免恶意刷数据影响渠道推广的效果，如图 4-95 所示。

日期	PV （总访问量/万）	UV （总访客数/万）
2018-04-01	20.78	2.66
2018-03-31	20.78	2.66
2018-03-30	20.78	2.66
2018-03-29	20.78	2.66
2018-03-28	20.78	2.66
2018-03-27	20.78	2.66

ⓘ 合计：PV（总访问量）1300000，UV（总访客数）140000

图 4-95　企业贷渠道 PV/UV 统计

| 产品闭环 |

数据可视化可以帮助我们统计数据和解释趋势，并发现数据隐藏的关键信息。各个渠道数据可视化，可帮助我们了解每日 PV/UV 趋势和数据规律，以便更好地调整渠道和优化产品，如图 4-96 所示。

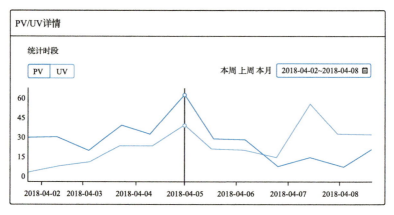

图 4-96　企业贷渠道流量可视化

根据渠道流量指标分析信用卡产品，将 PV、UV 作为网站基础指标，入口页次数、贡献下游浏览量、退出页次数、平均停留时间作为流量质量指标，可以帮助我们分析渠道问题，并做出有效的决策，如图 4-97 所示。

功能页	网站基础指标		流量质量指标			
	PV、UV	入口页次数	贡献下游浏览量	退出页次数	平均停留时间
首页	42503，7632	12578	34620	41183	00:02:34
信用卡	42503，7632	12578	34620	41183	00:02:34
我的	42503，7632	12578	34620	41183	00:02:34

图 4-97　企业贷渠道流量指标分析

做好 B 端渠道运营，不仅仅要通过整合渠道资源与制定运营策略，打通线上线下业务场景，还要激发渠道活力，实现获客转化和业务增长。对于 B 端产品经理而言，他们还需要用流量思维提升渠道运营管理能力。

第 5 章 | CHAPTER 5

产品之"势"

项目管理能力是产品经理必备的技能之一。在项目管理中,产品经理承担着统筹内外部资源的角色,从项目启动到项目收尾都参与其中,与参与项目的所有人员保持着密切联系,包括产品团队、设计团队、开发团队、测试团队。所以,如果说前面几章我们讲的是产品经理技能点,那么本章的产品之"势"则是产品经理技能点融合而产生一定能量的体现,需要一定的统筹协调能力。同时,这也是产品新人晋升为产品负责人要具备的能力。

5.1 "半路出家"做项目管理

作为一名产品经理,需要懂项目管理吗?这估计是很多产品经理在进阶过程中比较困惑的一个问题。项目管理到底怎么做?如何修订不合理的项目目标?如何处理项目中的突发问题?如何处理用户强烈坚持的需求?如何处理来自用户的需求变更?如何调动团队积极性?如何面对项目工期延误?如何按预期的项目计划交付产品?

产品经理作为产品的负责人,必须要懂项目管理。项目管理是产品经理在进阶路上必须要掌握的三项技能之一,如图 5-1 所示。做好项目管理有利于我们协调内外部资源、跟进项目进度、确保产品质量。

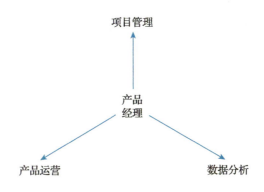

图 5-1 产品进阶三维技能

结合图 5-2 可知,项目管理是在产品生命周期中,通过运用管理的知识、技能、工具和方法,解决项目问题并完成项目需求的过程,即从项目启动到项目收尾的全过程,进行计划、组织、指挥、协调、控制和评价等一系列的产品管理,以便快速实现项目目标。

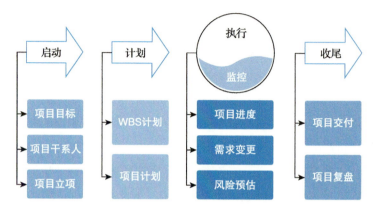

图 5-2　项目管理生命周期

在传统的项目管理过程中，我们需要协调时间、成本与质量这三个关键元素，并在三者之间寻找到一个合适的平衡点，以便更好地推进项目。但在敏捷项目管理过程中，我们只需考虑价值、质量、约束这三个限制元素，如图 5-3 所示。很多互联网公司的团队都是采用敏捷开发的形式，实现版本的快速迭代，且侧重点会放在可发布的产品上。

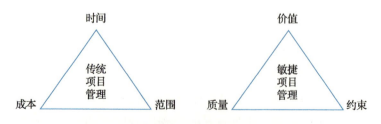

图 5-3　项目管理三元素

在人力资源有限的初创公司可能没有专门的项目经理的团

队，一般是产品经理兼做项目管理。在日常工作中，很多管理流程是不规范的，产品经理甚至不清楚每个阶段该如何做好项目管理，导致整个团队和项目看起来都比较低效能。

针对这种情况，我将从项目管理的 5 个过程：启动、计划、监控、执行和收尾，给"半路出家"的产品经理讲一下项目管理过程中的具体工作内容和流程规范，如图 5-4 所示。

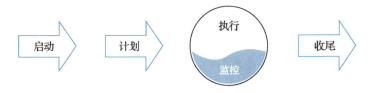

图 5-4　项目管理全过程

5.1.1　启动过程

启动过程是一个新项目核准与开始的过程。启动过程要做的工作是对项目目标、项目干系人和项目立项进行可行性研究与分析，如图 5-5 所示。重视项目启动过程是保证项目成功的首要步骤。

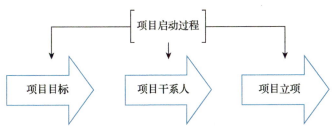

图 5-5　项目启动过程

项目目标是实施项目所要达到的期望结果，以定位战略目标为核心，以实现商业利润为重点，并提供行之有效的评估方法。简单地说，项目目标就是了解用户的真实需求，解决产品的关键问题。

建立项目目标的标准，一定要遵循SMART原则。即Specific（具体的）、Measurable（可衡量的）、Attainable（可实现的）、Relevant（相关的）、Time-bound（有时限的），如图5-6所示。

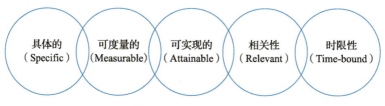

图5-6　SMART原则

项目干系人是参与该项目工作的个体和组织，泛指内部和外部利益相关者，其行为影响项目的计划与实施，如图5-7所示。

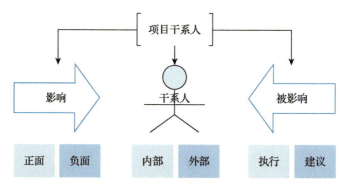

图5-7　项目干系人

结合图5-8可知，干系人分析是指系统地收集和分析相关信息，借助权力/利益递进模型，识别干系人的利益、期望和影响，并把它们与项目目标联系起来。分析过程主要包括识别关键干系人、分类关键干系人、设计干系人映射图。

图 5-8　干系人分析

项目立项指成立项目，并执行实施。申请项目的立项时，一般会输出《项目立项决议》《项目立项报告》《项目立项效用情况说明》等文档，其中《项目立项决议》是立项必备文档。

比如我之前负责某跨境电商平台的《项目立项决议》，主要包括项目背景、项目目标、项目里程碑和任命负责人，如图 5-9 所示。

5.1.2　计划过程

计划过程主要是确定和细化目标，并为实现项目目标和解决项目问题规划当前的行动路线。计划过程主要包括：建立 WBS 计划、确认项目流程、确认项目计划、评审计划、批准项目计划等。

在计划过程管理中，我们一般会对项目范围、任务分解、资源分析、成本预算、风险评估等制定一个科学的项目计划，使团队工作可以有序开展，项目资源得到有效配置，时间得到合理分配。

> **项目立项决议**
>
> 各业务中心：
>
> 　　为推动公司新产品的开发，增强公司技术创新优势，提高公司产品的市场竞争力，经公司总裁办公会研究决定，同意《某跨境电商平台》项目立项，负责人为朱学敏，预算经费为 100 万元，项目起始时间为 2015 年 7 月，预计项目终止时间为 2015 年 12 月。自 2015 年 7 月 1 日成立《某跨境电商平台》项目研发工作组，全面组织项目的架构设计、研发、测试、管理等工作，请相关部门在整个开发过程中给予支持和配合。
>
> 　　财务部应按照《企业研究开发费用税前扣除管理办法（试行）》设置研究开发费用核算账目，实行专账管理；技术中心应根据《新技术、新产品开发管理制度》加强项目管理，保证项目顺利实施。
>
> 　　特此决议！
>
> 深圳某云计算技术有限公司
2015 年 07 月 01 日

图 5-9　某跨境电商平台项目立项决议

5.1.3　实施过程

实施过程主要是选择方案、确定范围、协调团队与其他资源，并对工作进行分解。在具体实施过程中，工作内容侧重于范围管理、时间管理、沟通管理、进度管理。

1. 范围管理

范围管理是明确项目范围、项目实施、项目组成员的工作责任，然后分解项目。我们一般会借助工作分解结构（Work Breakdown Structure，WBS），把项目按阶段或结果分解成较小的项目任务包，主要是便于管理，如图 5-10 所示。

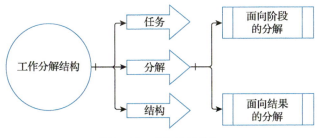

图 5-10 工作分解结构

以 PMLink 产品经理社区的线下沙龙为例,在确定线下沙龙的计划和内容后,我会借助工作分解结构把活动按计划、筹备与举办分解成小的项目任务包,如图 5-11 所示。将任务分解成具体的工作子集,可以将活动范围缩小,从而降低任务完成的要求。

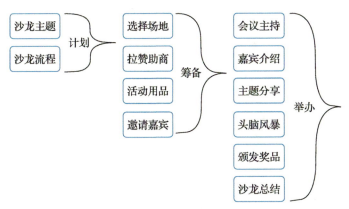

图 5-11 PMLink 线下沙龙

2. 时间管理

时间管理是确保项目按期完成。在项目跟踪过程中,我们要懂得协调内外部资源,实时了解项目完成情况,并在相应的时间节点制定项目里程碑。

3. 沟通管理

沟通管理对产品经理而言是非常重要的。所有的项目管理过程都是围绕沟通而展开的。沟通可以将复杂的问题简单化，并及时获取反馈。对团队而言，可行性评审例会、进度评审例会、每日站立会、迭代总结例会和需求评审会都是有效的沟通方式。

4. 进度管理

进度管理需要产品经理调整进度计划、压缩关键路径、及时提交项目进展信息，以邮件报告的形式定期汇报项目进度。当进度偏差较大时，产品经理需要针对出现的偏差，寻求最佳解决方案。

以公众号读者反馈的问题为例，某项目成员因为不熟悉字段传输规则，使项目延期了两天，之后又出现了返工的情况。

作为项目负责人，要清楚项目成员不熟悉字段传输，是由于他没有理解需求，还是你没有讲清楚需求。若他能力有欠缺，为何不提前进行资源协调或换人？若因客户需求变更导致延期，为何不事先让客户了解需求变更对项目的真实影响？若因计划排期不合理或资源不足导致延期，为何不对项目风险日志进行全程跟踪？

5.1.4 执行过程

执行过程是项目管理中最重要的环节，可以使项目进度符合项目计划，也可以使产品迭代朝着目标方向前进。在执行过程中，工作内容侧重于变更管理、质量管理和风险管理。

1. 变更管理

变更管理是指控制需求变更，尤其是项目范围内的变更。它包括变更的提出、受理、评估、审核、实施、测试、回顾和汇报等。

2. 质量管理

质量管理需要制订质量计划，并运用相关工具确保质量计划的顺利实施。在质量管理过程中，产品经理经常会使用一些质量保证工具和方法，如帕累托分析、统计抽样和标准差等。

3. 风险管理

风险管理是在项目进行过程中有效避免风险的发生，且能在风险发生时，有行之有效的应对策略，如图 5-12 所示。产品经理一般采用头脑风暴法、经验法则等方法识别风险因子，并构建一套项目风险防范体系。

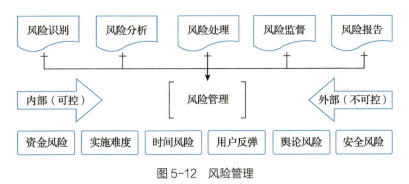

图 5-12　风险管理

5.1.5　收尾过程

收尾过程即完结所有项目的过程。收尾过程的主要工作包括对最终产品进行验收，验证产品功能是否符合预期，并把验收结果形成项目文档，总结经验和教训并组织项目复盘等。

在敏捷开发或版本迭代的过程中，做项目管理的根本目是提升团队工作效率。我们可以借助ScrumWorks、腾讯TAPD、Project、Worktile、Trello、每日任务看板、甘特图等工具，提高项目管理的效率。

做项目管理，产品经理既要会管理项目，也要会管理人。对于产品经理而言，项目管理其实就是项目推进，核心是沟通管理。它是项目顺利实施和按时上线的关键。

要做好项目管理，需具备项目管理的主导、沟通、协调、跟进等能力和经验。比如熟悉项目管理方法论，能及时有效地解决项目突发问题，并对业务提出合理的优化建议。

对于"半路出家"的产品经理，做好项目管理，不能纯粹地靠考项目管理专业资格认证（PMP）给自己镀金，一定要让自己保持持续学习的状态。

5.2 把项目复盘当干货来践行

复盘是一个不断学习、总结、反思、改进和提升的过程。对于项目复盘，产品经理要阶段性地落实，并让复盘形成一个完整的闭环，如图5-13所示。

项目复盘不是"批斗大会"，而是在尊重客观事实的基础上，对过去某一阶段进行整体回顾。复盘主要目的有两个方面，一方面是避免下一阶段重复犯错或走弯路；另一方面是从暴露的问题中发现规律，并提醒自己下次注意。

复盘是对过去发生的事做一次思维演练，并在复盘前、复盘中和复盘后形成完整流程的闭环，如图5-14所示。作为产品负责人的时候，我一般会在项目上线一周内，或系统平稳运行两周后，组织团队成员进行阶段性项目复盘。复盘主要是为了优化未来的行动策略，以便之后更好地做需求管理、项目管理与产品规划。

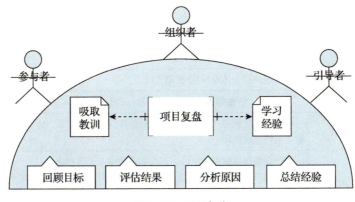

图 5-13　项目复盘

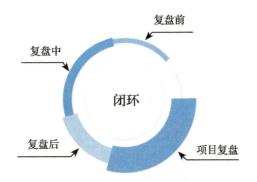

图 5-14　项目复盘闭环

以用户积分体系为例，如表 5-1 所示，复盘前，我会了解计划排期、项目进度、版本控制和团队协调等情况，并收集问题反馈，做成规范性的项目复盘报告。

表 5-1　用户积分体系复盘

项目复盘总结报告（简版）			
主题	用户积分体系 V1.0	人员	跨境电商项目人员
时间	2015-8-22	地点	技术中心会议室
回顾目标（Review Items）			
最初目的	搭建会员激励积分体系，实现精准用户运营		
最初目标	确保用户积分体系 V1.0 按期上线		
评估结果（Evaluation Result）			
亮点	给出借成功的用户发放积分，通过兑换、抽奖的场景，让积分的获取与消耗形成闭环		
不足	1. 产品整体体验不够友好，有些功能和交互还需优化； 2. 产品开发时未做单元测试，直接提交导致系统集成测试时问题太多，影响测试进度； 3. 测试力度不足，数据流和并发验证有待改进		

	当前问题	主要影响	解决方案	备注
产品组自评	成员私下沟通业务规则优化	规则变动导致其他人不知道	规则改动后群发并清楚告知对应功能的相关负责人	
	有些需求沟通不到位	开发人员理解不到位，导致开发出来的产品和实际需求有偏差	需求对称到具体相关负责人，有问题找产品负责人反馈	
设计组自评	视觉设计人员没有按原型来做，改动没有跟产品负责人沟通	设计出来的产品和产品需求有偏差，导致开发人员重做	改动需提前和产品负责人沟通，设计完成后要让产品负责人评审设计稿	
开发组自评	单元测试通过但部署到线上出现各种问题	数据加载显示异常，影响主流程功能	单元测试时模拟线上真实环境，用测试数据验证	

（续）

	当前问题	主要影响	解决方案	备注
开发组自评	代码改动和配置文件缺失，影响整体功能	操作过程影响主流程功能，导致测试进度受阻	加强本地单元测试，确保主流程走通再给到测试	
	前端提交的数据，后台未做加密处理	数据明文，容易被恶意修改	前后端统一做加密处理	
测试组自评	并发测试不到位	商品结算时同用户多端并发或多用户并发，积分为负数或商品重复下单	强并发测试，可借助编写脚本实现	基于Python、Locust去实现
	压力测试未实施	多用户请求或并发，系统容易崩溃	优化系统负载瓶颈	
	没有重视前端和后台的交叉验证	测试功能或数据结果与实际需求有偏差	测试过程注重状态流和数据流的变化	
分析原因（Analysis Reason）				
产品组自查	1.需求文档是否补充完整，每个功能特性是否有规则说明； 2.已有功能、标识的改动，在其他模块呈现，是否覆盖完整； 3.如涉及现有产品的老功能删减，是否和相关人员沟通； 4.未实现的需求是否在文档中注明，统计需求是否明确提出			
设计组自查	1.页面视觉效果是否有按原型设计； 2.交互设计和产品经理需求有出入，是否沟通后更改； 3.设计过程中，设计人员是否理解业务流程并去完善页面			
开发组自查	1.每个功能是否全面自测，转测试文件是否完整； 2.是否进行高危函数、安全漏洞扫描； 3.反馈的问题是否已修复； 4.后端支撑系统负载变化是否已评估； 5.代码是否已编译通过，是否影响其他相关模块功能表现			

(续)

	分析原因 (Analysis Reason)
测试组自查	1. 用例编写是否 100% 覆盖需求； 2. 用例编写是否有考虑逻辑异常和优化（如 Web 前台，性能等）的情况； 3. 是否有发起用例评审，并根据评审意见修订用例； 4. 测试漏洞是否进行有效跟踪处理，直至漏洞的状态为已关闭； 5. 遗留漏洞是否已经过 PDM、PM、TE 软件评估（致命及严重漏洞需要测试负责人和产品经理确认）； 6. 影响到其他模块的情况，产品发布前是否已做功能验证，并确认通过

	总结经验 (Conclusion Experience)	
心得体会	用户积分体系 V1.0 项目复盘是对当前项目的整体总结，避免以后再犯同样的错误或走弯路。复盘也是一种提问方式，更重要的是通过暴露的问题让自己清楚未来应该做些什么，怎么做……在下次项目开始之前，基于此次的项目复盘，再度提醒自己	
项目行动	开始做	在实施过程中建立完整规范的流程，按照标准完成分配的任务
	继续做	基于用户积分体系 V1.0 复盘改进或优化流程，提升项目团队效率，提高系统质量的健壮性，改善用户体验的友好性
	停止做	避免需求对称不到位、沟通结果有偏差、代码编写不规范、系统测试不到位

复盘中以对事不对人的原则，通过假设和提问的方式，对问题进行答疑解惑、深层剖析，以便寻求优化方案，为未来的项目做支撑。

直白地说，复盘就是让自己与过去做的事进行对话、探讨和审视。复盘常用的方法为 GRAI 复盘法，即 Goal（回顾目标）、Result（评估结果）、Analysis（分析原因）、Insight（总结规律），如图 5-15 所示。

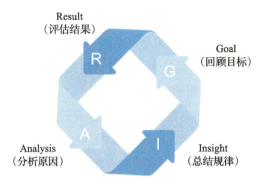

图 5-15　GRAI 复盘法

5.2.1　回顾目标

复盘是围绕目标进行的。复盘时我们需要重新回顾一下最初的目的和目标。当我们把产品规划、项目计划、战略目标、商业价值等设定为里程碑的时候，都要遵循 SMART 原则。

比如，我们最初目的是搭建会员激励积分体系，最初目标是确保用户积分体系 V1.0 按期上线。但在具体的实施过程中，实际情况与预期目标会有一定的偏差，我们可以通过复盘规避这种偏差，从而做到有的放矢。

5.2.2　评估结果

评估需对照原来设定的目标，找出项目实施过程中的亮点和不足，还原事实，看目标是否可以实现。

此次用户积分体系项目的亮点是：给出借成功的用户发放积分，通过兑换、抽奖的场景，让积分的获取与消耗形成闭环。不足之处是：

1）产品整体体验不够友好，有些功能和交互还需优化；

2）产品开发时未做单元测试就直接提交，导致系统集成测试时问题太多，影响测试进度；

3）测试力度不足，数据流和并发验证有待改进。

复盘出来的结果可以让所有参与人员重新审视，成功的部门可以总结经验，失败的部门可以吸取教训。

5.2.3　分析原因

分析原因是复盘的核心环节。在分析原因时，以组别的形式进行产品、设计、开发和测试自查，剖析当前存在的突出问题，问题带来的主要影响，以及对应的解决方案。

比如产品组可从需求管理的角度分析原因，开发组可从项目进度的角度分析原因，测试组可从系统质量的角度分析原因。

以产品组自查为例，当前存在的问题是：业务规则优化时成员私下沟通，部分需求沟通不到位。造成的主要影响有：测试人员不清楚变更规则，导致功能漏测；开发理解不到位，做出来的产品和实际需求有偏差。共同探讨的解决方案是：需求改动后群发并告知对应的变动点，需求对称到具体负责人，有问题找产品负责人进行实时反馈。

5.2.4　总结经验

复盘后我们要对心得体会和项目行动进行总结，并明确哪些要开始做，哪些要继续做，哪些要停止。

此外，复盘是一个持续跟进的过程，我们要建立问题知识库，在下一阶段复盘时，回顾之前的问题是否得到有效解决。

复盘要养成一种习惯，更要有仪式感。比较遗憾的是，有些公司的复盘流于表面，纯粹是走马观花，有些公司则连复盘环节都省了，导致之前阶段出过的错，在下一阶段继续错，有时候还会错得更离谱。

学习不一定立刻进步，但项目复盘可以。作为产品经理，我们不能一味地低头苦干（忽视复盘），要回头看看以往做过的产品（萃取价值），也要学会把项目复盘当干货来践行。

5.3 敏捷开发过程中的产品迭代

一个好的产品之所以能够在能用、易用、好用层次上不断野蛮生长，都是在功能能用但不完善的情况下，通过产品迭代把能用放在最关键的点上优化产生的。

5.3.1 什么是产品迭代

产品迭代是为了满足市场与用户需求，对产品反复进行反馈、验证、试验与衡量的过程，如图 5-16 所示。直白地说，产品迭代是快速响应用户需求，不断进行版本迭代，以达到我们的产品目标。产品迭代类型分为：战略性迭代、功能性迭代、修复性迭代。

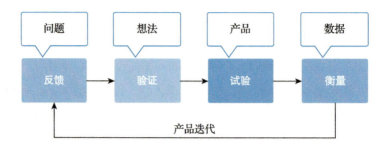

图 5-16 产品迭代

  产品迭代是一个版本接着一个版本进行的，一般以周或月为周期做版本迭代计划。比如两周一个小版本，四周一个大版本，紧急功能走加急版本。在实际工作中，我一般是以两周作为一个节点，交替做版本迭代，即提前一个月规划，在当前版本的实施阶段，开始做下一个版本的迭代计划。这样交替迭代可以在当前版本上线后，充分利用等待开发和测试当前产品需求时被闲置的空窗期。

  此外，在制订或更新产品迭代计划时，产品经理要让所有项目相关人员对产品迭代时间、迭代内容、迭代状态有充足的把握，协调资源做好配合，用项目过程文档对迭代路径进行跟踪。

  对于产品经理而言，产品迭代是一项很重要的工作，需要跟进项目进度，协调团队资源，确保迭代成功。大部分的互联网产品都采用敏捷开发的方式，在敏捷开发的过程中进行产品迭代，关键是做好产品规划、版本控制和需求管理，所以有时候产品经理也扮演了一个项目经理的角色。

5.3.2 为何要产品迭代

在竞争激烈的市场中,产品要想立足和发展,必须做好迭代,这样才能满足用户的不同需求。只有赢得用户,才能赢得市场,才能进一步实现商业价值与产品价值。

在产品发展的不同阶段,做产品迭代的目的是不同的。我们要在产品生命周期中阶段性地完成产品目标,让产品能更好地适应环境变化。根本目的是提高每个迭代周期的效率,让产品在敏捷开发中快速响应市场需求。

做产品无论从 0 到 1,还是从 1 到 100,产品迭代必须围绕用户的核心需求,即用户的痛点是什么,使用的场景是什么,需要解决什么问题。从项目立项到需求落地的过程中,产品迭代要基于充分的市场研究,再做出系统、有效的分析,让产品优势与市场机会相契合,并提出针对性的解决方案,最终达到产品目标。

版本迭代可以看出一个产品的成长路径和运营策略。以车轮 App(Android)的累计下载量为例,截至 2019 年上半年,其下载量如图 5-17 所示。结合图 5-18 可知,在 2019 年上半年车轮 App 整体维持着一个比较平稳的增长趋势,大部分时间保持在千万到亿级别的下载量。其中,下载量排名前三的是:基于 OPPO 设备的下载量为 1.50 亿、基于应用宝的下载量 1.47 亿、基于华为设备的下载量为 1.00 亿。

| 产品闭环 |

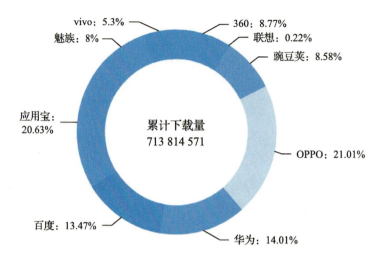

图 5-17 车轮 App 累计下载量

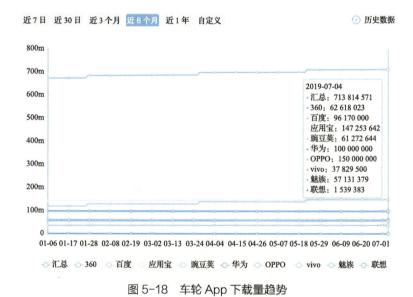

图 5-18 车轮 App 下载量趋势

经过产品调研发现，车轮 App 以违章查询作为产品冷启动的切入点，在软件功能可用的情况下投入市场。经过一系列的功能优化和版本迭代，大概两周迭代一个常规版本，如图 5-19 所示。如此高频次的更新迭代，一定程度上反映了车轮 App 会根据产品的使用情况或用户的需求反馈，快速地开发新功能和调整产品方向。

版本号	更新日期	更新说明
7.4.6	2019-06-12	– 同步 2019 年 6 月各地新罚款和扣分数据 – 社区发帖新增草稿箱功能 – 报价大全新增精选推荐 – 增加二手车小视频功能
7.4.4	2019-06-10	– 同步 2019 年 6 月各地新罚款和扣分数据 – 社区发帖新增草稿箱功能
7.4.2	2019-05-28	– 同步 2019 年 5 月各地新罚款和扣分数据 – 扫一扫行驶证识别优化 – 靠谱二手车新增车龄、里程筛选项，找车更方便 – 优化多处车主服务功能
7.4.0	2019-05-20	– 同步 2019 年 5 月各地新罚款和扣分数据 – 扫一扫行驶证识别优化 – 靠谱二手车新增车龄、里程筛选项，找车更方便 – 优化多处车主服务功能
7.3.8	2019-05-05	– 同步 2019 年 5 月各地新罚款和扣分数据 – 社区新增推荐，热门等栏目频道 – 优化多处车主服务功能
7.3.7	2019-04-22	– 同步 2019 年 4 月各地新罚款和扣分数据 – 我的"收藏"新增二手车收藏 – 保养手册支持更新车型 – 优化多处车主服务功能
7.3.6	2019-04-08	– 同步 2019 年 4 月各地新罚款和扣分数据 – 我的"收藏"新增二手车收藏 – 保养手册支持更新车型 – 优化多处车主服务功能

图 5-19　车轮 App 历史版本迭代

5.3.3 怎么做产品迭代

产品迭代一定要控制工作量，如果当前版本不能完成，则在下一版本中迭代。做敏捷开发不能一味地盲目加功能，功能太多的时候可以考虑减法原则。在实际工作中，我们往往因为深挖需求，加了很多无关痛痒的功能，导致产品设计很复杂。此外，对某功能没有把握的时候，一定要简单做，少即是多，关键是切中用户痛点，解决用户刚需。

在日常的工作中，面对不同业务部门的需求，如何确定产品迭代的需求，如何制订合理的版本计划，如何确定下一阶段的迭代方向等，都需要产品经理进行合理的规划、分析、设计与管理。

对一个产品进行迭代，关键是要了解整个迭代流程，如图5-20所示。首先明确产品目标、用户问题和业务流程并输出产品待办事项；其次通过计划会议进行需求评审，针对功能优化或新增需求提供解决方案；然后用WBS方法拆解任务，并组织每日站立会，了解迭代进度，再进行产品可用性测试，并发布产品；最后组织项目复盘，并发布项目总结报告。

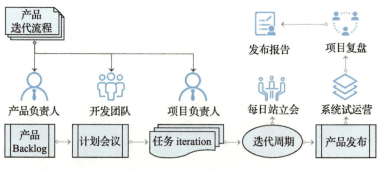

图5-20　产品迭代流程

此外，做产品迭代要从节奏感、需求排序、数据驱动三个维度着手。一是研究市场和对标竞品，接受客户的反馈，做好优化升级；二是按需求优先级从高到低排序，合理分配需求、识别伪需求并会砍需求；三是做产品不能单凭感觉，或生搬硬抄，要拿数据结果说话。

敏捷开发拼的是对需求的响应时间，我们要对产品进行快速迭代，并不断复盘和更新，从而为产品赢得更多的市场机会。

5.4 用 ScrumWorks Pro 做敏捷开发

做项目管理一般会接触敏捷开发。敏捷开发使用周期迭代的方式应对快速变化的需求，循序渐进地实现产品功能，如图 5-21 所示。敏捷开发的原则是主张简单、拥抱变化、可持续性、递增的变化、高质量的工作。

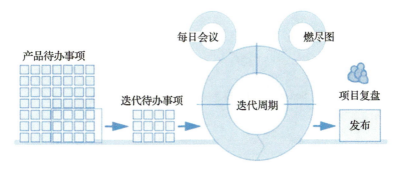

图 5-21 敏捷开发模型

敏捷开发把产品开发引向了快速迭代、小步快跑的路线上。每一次迭代都可以看作是一个项目计划的里程碑。迭代是指把一

| 产品闭环 |

个复杂且开发周期很长的开发任务,分解为很多个小周期可完成的任务,这样的一个周期就是一次迭代的过程,同时每一次迭代都可以生产或开发出一个可以交付的产品。

敏捷开发的方法包括 ASD、AUP、DSDM、XP、FDD、Kanban、RAD、Scrum,其中 Scrum 是最常用的方法。Scrum 是一种增量的、迭代的软件开发过程,通常用于敏捷软件开发。它可以量化工作,并且可以把每个任务量化到具体时间,帮助项目负责人把控项目进度,提高团队协同的工作效率。

在敏捷开发过程中,产品经理可以根据用户反馈、需求优先级来发布新版本,不断进行迭代,让产品逐渐完善。敏捷开发过程中常用的工具有腾讯 TAPD、Worktile、Scrum Works Pro 等。

我之前做项目管理时和团队协作用的软件就是 ScrumWorks Pro,它能够帮助团队跟踪每次迭代与整个版本发布的过程。ScrumWorks Pro 提供了 PC 端和 Web 端两种产品,如图 5-22 所示。

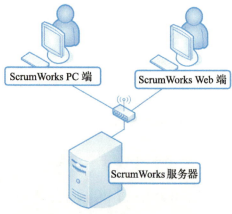

图 5-22　ScrumWorks Pro 客户端

1. 创建产品愿景

做敏捷开发首先必须有产品愿景，即产品经理所做的产品规划路线图或项目愿景，这需要团队所有的成员（包括产品经理）一起确定，然后朝着这个目标进行迭代。

2. 维护待办事项

确定产品愿景后，产品经理会维护敏捷开发中的待办事项，如图 5-23 所示，即从各个方面收集需求，并将待办事项按照优先级排序。每个待办事项的优先级是可以调整的，需求是可以增减的，因此产品待办事项（Product Backlog）将根据不断变化的需求来持续驱动迭代。

图 5-23　产品待办事项

待办事项中放的是产品需要实现的所有功能性和非功能性的任务。因此我们可以借助"故事墙"将产品待办事项放进去，让所有团队成员清楚地看到所有任务，被细化在每一次迭代中直至消失。

在这个过程中，产品经理要做的就是创建和维护好产品需求池，定义好优先级，并通过"故事墙"展示。

3. 拆分待办事项

把待办事项拆分成一个个迭代任务（Sprint），然后将待办事项中的项目添加到迭代任务，成为迭代待办事项（Sprint Backlog），如图 5-24 所示。一个迭代任务是一个开发周期，每个开发周期从产品待办事项中选取合适的任务，首先对任务进行拆分，并通过一个相对点数进行时间预估。

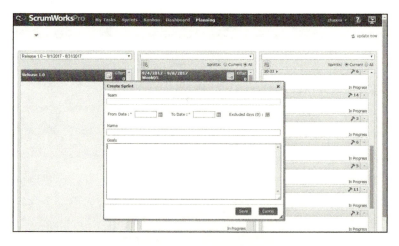

图 5-24　迭代待办事项

4. 发布迭代计划

每一个迭代任务开始时，需要发布一个迭代计划。迭代计划是让团队成员根据待办事项中优先级最高的项目,并由该项目负责人对待办事项进行需求澄清。接着,产品经理将待办事项拆分成单个任务,然后让组员自主选择任务完成。当一项任务完成之后,组员再选择下一项任务。

5. 每日站立会

在敏捷开发的迭代过程中,我一般会组织项目组的成员召开业务梳理会议、项目计划会议、每日站立会、验收评审会议、项目回顾会议等,如图 5-25 所示。

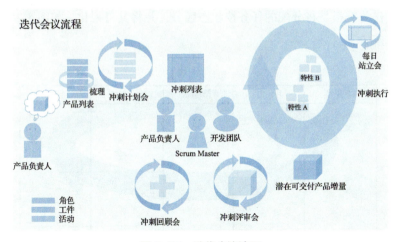

图 5-25　迭代会议流程

- 业务梳理会议:主要根据产品待办事项拟定业务规则,并规划版本迭代的产品路线图。
- 项目计划会议:主要安排产品负责人澄清需求,并由开发团队进行项目人力和时间的估算。
- 每日站立会议:主要组织团队每天进行沟通的内部短会,

| 产品闭环 |

汇报昨天做了什么，今天要做什么，以及迭代过程中遇到的问题。

- ❏ 验收评审会议：主要组织产品人员对灰度发布的产品进行验收，验收通过后再给业务方演示，并接受反馈或评价。
- ❏ 项目回顾会议：主要进行上线后的项目复盘，对当前迭代阶段的情况进行自我纠错和总结经验，再讨论下一阶段的迭代计划。

为了让项目组成员都了解本次版本迭代中所有任务的当前状态，我一般会在每日站立会中通过每日任务看板进行追踪。每日任务看板是将分配的任务按状态区分，并将其可视化，如图 5-26 所示。

每日任务看板

待开发	开发中	待测试	测试中	完成
Bug　Task	Task	Bug	Bug	Bug
Bug　Task	WBS	WBS	Task	WBS
Bug　Task			WBS	Task
WBS				

图 5-26　每日任务看板

此外，为了把握当前的项目情况，我会组织成员每周汇报开发进度，并借助燃尽图进行可视化跟进。燃尽图是在工作人数不变的情况下，在项目完成之前，对需要完成的迭代任务的一种可视化表示，如图 5-27 所示。

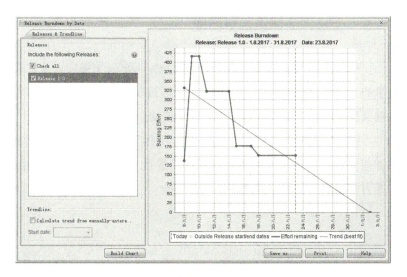

图 5-27 燃尽图

6. 迭代评审

当前阶段的敏捷开发结束后,我们会在评审迭代产品灰度发布阶段,输出一个可以运行的软件或可展示的功能,并向产品负责人或需求方现场做样版演示。

7. 回顾

迭代评审结束之后就是回顾,一般会在项目上线稳定后的一周内进行项目复盘,对当前敏捷开发过程进行目标回顾和经验总结,在尊重事实的基础上,了解整个团队过去哪些事情做得不错,哪些事情应该改进。

回顾结束后,新一轮的迭代计划继续开始。迭代会一直持续下去,直到开发了足够多的功能去交付一个产品。

5.5 合理进行需求变更管理

项目立项后，就进入需求分析阶段，需求变更随之而来。需求的变更是无法避免的，但我们可以通过制定一套规范的需求管理流程来减少不确定因素带来的需求变更。

需求变更管理是很多公司的通病。由于对需求变更不重视或管理流程形同虚设，可能会造成项目进度延期、成本控制不足、人力资源紧缺，甚至导致整个项目失败。

5.5.1 了解需求变更

需求变更指在项目立项后，对原有的需求进行优化，或追加新的功能或非功能性的需求，这些均属于需求变更。

以网贷平台标的登记为例，我们做了一个为借款人和出借人提供撮合服务的理财平台，其中有一项功能是向合作的资金存管银行申请标的登记。因银监会公布的《网络借贷信息中介机构业务活动管理暂行办法》明确规定，同一借款人在同一网贷机构的借款上限为 20 万元，我们的标的登记接口也要做相应的变更。

结合图 5-28 可知，需求变更的影响主要包括：项目进度、开发资源、成本核算、开发周期、质量风险等。

5.5.2 需求变更来源

需求变更的主要来源分为内部来源和外部来源。其中内部来源包括公司高管、业务部门、产品团队；外部来源包括政策变化、市场情况、用户反馈，如图 5-29 所示。

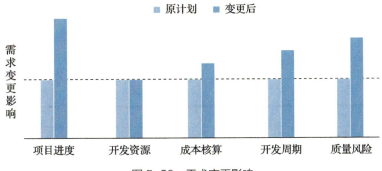

图 5-28 需求变更影响

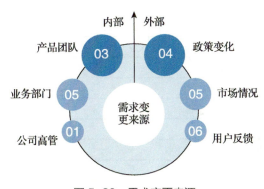

图 5-29 需求变更来源

以网贷平台的需求变更为例,内部来源包括:为了进一步升级和布局网贷生态圈,公司高管会不断调整战略目标或商业模式;为了用户增长和平台创收,业务部门会不断更新理财产品或运营活动;为了提高用户体验,产品团队会不断优化产品功能和操作流程。外部来源包括:基于银监会的政策变化,平台会清算不良资产和违规业务;基于合规备案的市场情况,平台会对接银行存管进行接口改造;基于金融办对信息透明化的反馈,平台会接受审计调查和信息披露。

| 产品闭环 |

在工作中,如何管理来源众多且复杂的需求变更请求,是每个产品经理需要认真对待和慎重考虑的问题。我们可以制定需求管理表来跟踪需求变更,如表 5-2 所示。

表 5-2 需求变更管理

一、项目基本情况			
项目名称		项目编号	
制作人		审核人	
项目经理		制作日期	

二、历史变更记录						
序号	变更时间	涉及项目任务	变更要点	变更理由	申请人	审批人
1						
2						

三、请求变更信息
1. 申请变更的内容
2. 申请变更原因

四、影响分析			
受影响的基准计划	1. 进度计划	2. 费用计划	3. 资源计划
是否需要成本/进度影响分析?	□ 是	□ 否	
对成本的影响			
对进度的影响			
对资源的影响			
变更程度分类	□ 高	□ 中	□ 低
若不进行变更有何影响			
申请人签字		申请日期	

五、审批结果			
审批意见		审批人签字	

5.5.3 需求变更原因

需求变更贯穿产品的整个生命周期，需求变更的原因包括：没有确定需求基线、没有细化功能范围、没有明确管理机制。

需求变更的表现形式千差万别，在工作中主要体现为：业务部门不明确需求定义导致的变更；产品人员未详细理解需求导致的变更；公司高层因临时调整业务导致的变更。

5.5.4 需求变更控制

大部分公司都有需求变更管理流程，主要分为以下几个步骤：提交变更、审核变更、执行变更、关闭变更，如图 5-30 所示。

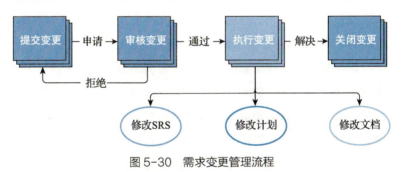

图 5-30　需求变更管理流程

一个好的变更处理流程，就是在产品生命周期的立项阶段、分析阶段、实施阶段与验收阶段，有针对性地采取需求变更控制方式，如图 5-31 所示。

1. 分析阶段的需求变更控制

在需求分析阶段，有大量需求需要收集、筛选、排序、分析、评审、跟踪和维护，这是需求管理的开始。

| 产品闭环 |

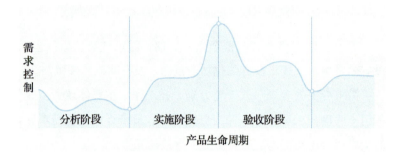

图 5-31　产品生命周期的需求变更控制

在做好产品规划后，首要任务就是明确《产品需求说明书》中定义的功能范围和业务规则。编写《产品需求说明书》最可怕的就是定义的内容含糊不清，或逻辑漏洞百出，导致实施阶段的需求变更。总而言之，好的产品需求文档能让业务、开发与测试"傻瓜式"操作，不需要考虑需求未明确的内容。

以网贷平台合规备案的接口整改为例，为了减少内容不明确带来的需求变更，我们会基于需求采取针对性的措施。比如项目组的内部需求，我们会采取头脑风暴的形式，召开评审会，对需求进行初审、复审和终审，记录评审过程中的内容，并整理成会议文档。对需求方的外部需求，我们可以先让其熟悉业务，再充分沟通业务规则，最后双方一起确认输出的原型和需求文档。

2. 实施阶段的需求变更控制

需求分析阶段结束后，对于临时插队或修改的需求，要走需求变更流程，并以邮件或纸质的形式让相关负责人确认。需求变更申请通过后，产品经理需要评估变更可能带来的风险，修改合同、计划、需求等基准文件。

产品经理评估变更需求的合理性时，可采用综合变更控制方法。比如重新变更分析、变更评审、预估人力与计划上线时间、风险评估等，还得与客户多次交流，以此明确需求。

特别强调的是，在敏捷开发中，一定要避免业务人员绕过产品经理直接找开发人员商量改需求的情况出现，这样会导致业务、产品、开发三方需求不一致，或带来新的系统问题，又得耗时重新定位需求。因此，我们必须要求业务人员严格执行敏捷开发中的需求变更管理流程，如图 5-32 所示。

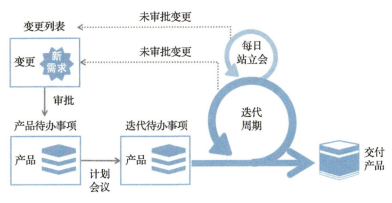

图 5-32　敏捷开发中需求变更管理流程

3. 验收阶段的需求变更控制

产品灰度发布时，系统主流程要走通且数据流正确，并做好准备将产品提交给业务部门验收。若中间过程出现需求变更，产品经理则要评估一下变更的代价和对上线时间的影响，并告知对方需求变更之后面临最大的问题就是项目延期。

以网贷平台的红包撤回为例，我们计划赶在七夕前上线一个邀请好友投资返现的活动。在前一晚验收时发现，因为某些客观原因，导致重复发放红包给用户。但红包撤回有时效性，只有当天发放的才可以撤回，导致我们在活动上线前，必须增加红包撤回接口的需求。因为活动上线时间节点不能改变，我们只好额外协调资源和增加开发人力。

验收阶段的需求变更控制，最重要的一点就是能事先识别变更风险，并采取突发事件应对措施，根本目的就是将需求变更的影响降到最小。

5.5.5　需求变更存档

在需求变更的过程中，我们要对已发布的需求文档建立需求变更日志，管理变更文档，做好变更任务列表，方便对需求追本溯源。

变更文档一定要记录在案，方便查询或追责。我一般会通过表格建立需求跟踪矩阵，记录变更原因、变更时间、变更前后的内容、项目负责人、变更状态、完成情况等。

对于产品经理而言，需求变更管理是项目管理过程中很重要的一部分。变更管理是一个闭环过程，确保整个需求变更过程的可控制与可追溯。

5.6　高效产品团队的闭环管理

对于产品经理而言，做好一个产品，首先得有一个产品团队，更关键的是要有突出的管理能力。产品经理管理岗分为两类：一类是产品总监，管理多个产品经理，对团队负责；另一类是产品负责人,管理多个产品线,对项目负责。

对于很多初创公司或中小企业而言,团队管理一直是一个老生常谈的话题,整体面临着碎片化管理、执行效率低下、沟通成本增加的尴尬局面。作为产品团队的管理者,解决这一问题的关键在于建立完善的闭环管理流程,即形成一个有规划、有布置、有落实、有检查、有反馈、有改进的闭环管理。

在产品人进阶或职位晋升的过程中,产品经理要有独当一面的管理能力,且要有管理思维。在工作上,产品团队的闭环管理主要包括:目标制定、问题沟通、资源协调、进度跟进、绩效考核、团队建设,如图 5-33 所示。

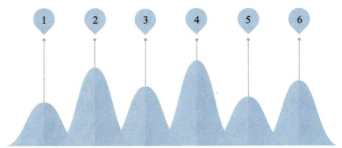

图 5-33 产品团队闭环管理

5.6.1 目标制定

目标制定是产品成功的关键,为产品规划明确的迭代方向。在目标制定过程中,产品经理只做大的方向性把握即可。目标对团队而言至关重要,我们对目标进行管理的第一步就是制定目标,以便更好地把握产品的规划节奏。

目标一般是阶段性的，可分为短期目标、中期目标与长期目标。但目标内容要尽量细化为可执行的具体步骤，让团队成员清楚每个阶段需要做的事情，以便更好地对目标进行传达、宣导和落实。

5.6.2　问题沟通

沟通是产品经理的必备能力，沟通能力决定需求落地的执行效率。沟通是所有团队都面临的问题。工作中 80% 的管理问题源于不会沟通，而 80% 的问题则是靠沟通解决的。

在实际情况中，很多管理者缺乏沟通能力，或者说不知如何沟通。一直把沟通建立在"我以为……"或"我觉得……"的基础上，导致上下级之间的信息不对称，无法获得有效的反馈，双方沟通成本增加，对项目推进造成一定阻碍。

作为产品经理，管理是为了提升效率，而提升效率的第一步就是沟通。沟通是最重要的一步，也是执行的第一步。关键是强化有效沟通，鼓励向上沟通。此外，要建立良好的倾听机制，学会先听后说，及时沟通。定期沟通项目的进展，并做好阶段性反馈，形成有效的闭环反馈机制。

5.6.3　资源协调

每个产品团队的人力和时间资源都是有限的，作为产品经理要学会协调资源达成产品目标，并将资源效能最大化。

比如，公司准备做一个特定节日的运营活动，那么上线的时间节点是无法延期或变更的。在实施阶段，如果由于需求缺陷导致开发出的功能与预期不一致，那么就得在重新梳理业务后，再介入开发。但因开发能力不均、时间有限、人力不足等因素，导致无法按期完成任务。这时就需要产品经理协调内外部资源，告知项目参与人员未来可预见的风险，并做好预防方案。

资源协调是对团队现有资源的重新分配。通过优化资源的方式，让团队潜移默化地形成有效的自运转，进而培养团队的核心竞争力。

5.6.4 项目跟进

一条产品线有多个产品，一个产品包括多个项目。对于一个项目，首先要确定一个产品经理，在项目管理过程中，全程推动项目达成阶段性的目标，并对产品上线后的最终结果负责。

首先确定项目目标、项目分工与人员安排，确保项目实施的每一步都井然有序；其次制订项目计划，确定各个时间节点的里程碑，做好时间列表；然后组织每日站立会或产品会议，通过每日任务看板了解关键事项的完成情况，如图 5-34 所示；最后依照时间列表发布上线，组织团队进行项目复盘，对当前阶段进行一次整体回顾和经验总结。

特别强调的是，灰度发布是验收阶段最重要的一个环节。产品经理要主导灰度测试，让相关部门协作进行验收测试，包括验证主流程走通和数据流正确。此外，产品经理要全程跟进项目进度和实施情况，让所有相关人员对产品的发布时间、迭代内容、发布状态有充足的了解，并协作配合产品上线。

| 产品闭环 |

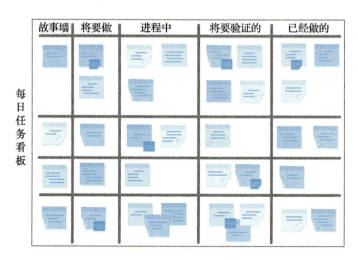

图 5-34　每日任务看板

5.6.5　绩效管理

绩效管理是从计划、实施到落地形成一个闭环。绩效考核是绩效管理过程中的重要环节，是一种周期性评估团队成员工作表现的管理工具和方法。

制定产品绩效考核制度，对产品人员的工作绩效进行评估，需要产品经理明确具体的考核指标，以便对员工的工作做系统的评价。我们会建立绩效管理激励体系，重点是在绩效计划、绩效监控、绩效考核和绩效应用等节点形成闭环，如图 5-35 所示。

绩效评估维度包括员工自评、同事反馈、上级评估、绩效校准和绩效面谈等。绩效考核常用的方法包括关键绩效指标法（KPI）、关键成功因素法（KSF）、目标与关键成果法（OKR）等。其中，

OKR 是目前比较典型的一套明确和跟踪目标及其完成情况的管理工具和方法，如图 5-36 所示。目前，OKR 已被谷歌、百度、推特、Uber、MongoDB、LinkedIn 等公司采用。

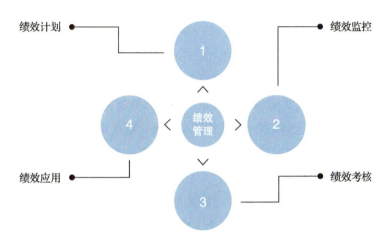

图 5-35 绩效管理激励体系

图 5-36 目标与关键成果法

OKR围绕关键目标开展工作，按月对员工进行绩效评估，了解员工每月的工作情况，梳理工作方向并实时调整，衡量规定时间内是否达成目标。

5.6.6　团队建设

团队建设是每一位产品管理者工作内容的重要组成部分。团队建设需要从共同目标、共享利益、共处情感、共有创新等方面，统一核心价值观，增强团队凝聚力，重点是在团队的目标与协作上，有处理问题的策略，让执行实现良性循环，从而形成一个高效的团队。

作为产品经理，我们可以从组建团队、招聘人才、指导新人、培训技能、团队协作、个人成长等方面为切入点，运用团队思维、管理思维和闭环思维做好团队建设。

处理团队建设过程中的各种问题，关键是善用闭环的管理思维，直白地说就是活用团队管理的"道"与"术"。

5.7　让团队明确产品规划的里程碑

产品规划是刚入门或工作两到三年的产品经理比较困惑的一件事情，不知道该如何做好产品各个阶段的规划。产品规划的关键在于有目标、有拆解、有计划，即明确每个版本的目标是什么，拆解需要做的功能有哪些，计划完成任务需要多久。

公司策略都是围绕产品而制定的，关键在于产品规划。产品规划决定了产品的商业价值和市场表现，也决定了公司的核心竞争力。产品规划一般与公司的价值观、使命和愿景相关,并且它们可作为产品规划切入点。

5.7.1 产品规划路线图

产品规划是产品负责人在项目立项阶段,通过市场调研、用户研究和竞品分析等方式,根据公司业务情况和发展方向,制定产品目标、把握市场机会、满足用户需求的产品实施过程。

大部分产品经理对产品规划没有一个清晰的概念。产品规划是一项复杂的工作,产品经理要围绕产品目标和定位,规划出各个阶段的产品路线,主要包括目标确定、业务分析、产品决策与解决方案等,一般会输出产品路线图。产品路线图用于产品周期性的规划,规划各个时间节点要完成的产品需求,从而实现阶段性的里程碑,如图 5-37 所示。

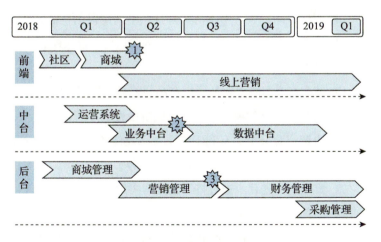

图 5-37 产品路线图

我之前负责一个产品线或多个产品的时候，都会做项目计划表和产品规划路线图。项目计划是在当前版本的时间节点（细分）建立里程碑，产品规划路线是在产品迭代阶段（宏观）建立里程碑。我们可以使用里程碑来衡量产品团队实现产品目标的进展情况，或向内部和外部利益相关者传达项目状态。

5.7.2 产品规划重要性

产品规划不仅是实现产品目标的计划，也是产品迭代的方向。因团队的人力资源和时间有限，我们无法在短期内打造一款趋于完美的产品。因此，功能只能按优先级排序后，根据各个阶段的规划做版本迭代。

产品规划贯穿产品的整个生命周期，让团队对产品迭代有一个清晰的里程碑概念，主要作用有如下几点。

- ❏ 明确产品定位：团队清楚自身在不同阶段的使命。
- ❏ 规划产品方向：团队可根据不同阶段的产品策略，实施不同的计划。
- ❏ 落实产品目标：团队了解产品目标后，通过聚焦产品在当前时间节点的项目计划，完成阶段性的里程碑。
- ❏ 协调资源分配：有利于资源协调及任务执行，包括产品、开发、测试、设计以及运营资源等。
- ❏ 推动产品迭代：通过持续迭代解决用户需求，从而保持产品的市场竞争力。

产品规划做好之后，产品经理也就确定了产品的迭代方向。但产品经理要通过最小化可行性产品（MVP）来验证产品是否有市场机会，或是否满足用户需求，从而保持产品的核心竞争力。

5.7.3 如何做产品规划

作为一个产品经理，我们可以结合自身的业务逻辑能力、市场洞察力、决策判断力、产品方法论、工作经验去规划产品，以保证产品规划的科学性和有效性。

在实际工作中，我一般会从市场调研、竞品分析、用户研究、数据分析、同行交流、产品架构、产品路线、项目复盘等方面去做产品规划。

1. 市场调研

了解当前公司与市场的现状、优势和不足，结合自身产品的定位，对目标市场进行细分，从而了解产品所处行业的趋势和发展方向。在调研过程中，产品经理可以借助 PEST 分析模型对业务进行评估，描述市场地图，输出细分市场描述表。

2. 竞品分析

研究竞争对手，对产品定位、产品功能、目标用户基本一致的竞品进行分析。借助 SWOT 分析法，对竞品的共性进行研究与借鉴，以便改变我们的运营策略、推广渠道、产品决策以及战略目标。

3. 用户研究

明确目标用户，研究用户提出或反馈的信息，制定优化和应对策略，不断体验产品，确保业务流程走通且功能操作顺畅。

4. 数据分析

收集与产品规划相关的用户数据和业务数据，对这些数据进行总结和分析，用数据来验证思路，从而客观地做出产品决策，并观察产品是否还有迭代空间。

5. 同行交流

一方面与公司其他产品经理进行头脑风暴，了解其对如何驱动产品迭代的想法；另一方面与同行产品经理进行线上或线下交流，学习产品规划的经验与技能。

6. 产品架构

产品架构是描述整个产品功能的框架。在业务层对产品进行功能设计，本质还是梳理产品架构的业务逻辑，方便我们对产品整体有一个可视化的概念性规划。以 PMLink 产品架构图为例，如图 5-38 所示，从前端、中台到后台系统，我们可以清晰规划各个系统的业务架构或产品功能。

此外，产品架构有助于明确产品的发展方向和未来规划，即有利于将功能拆解为产品需求，并做优先级排序，按阶段进行版本迭代。

7. 产品路线

对功能列表进行规划，规划完成后就得到了产品路线图，即规划在什么时间段完成什么功能。产品路线将公司的产品定位与业务目标联系起来，落地为具体可实施的项目计划：明确需求列表、估算人力工时、规划时间节点。

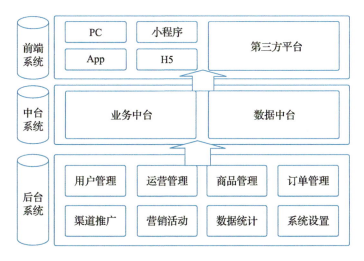

图 5-38　PMLink 产品架构

8. 项目复盘

产品规划一定要定期进行复盘。产品发布后，我会安排产品团队，以组内自查的方式，对上一阶段的问题与完成情况进行整体回顾，从中剖析问题、总结经验、发现规律与制定方案，为推动下一阶段的计划实施做准备，并合理调整产品规划。

以 PMLink 产品路线图为例，如图 5-39 所示，我们可以清楚了解各个版本的迭代周期、上线时间与需求列表。在明确产品规划方向和目标达成路径之后，我们可以拆解产品线，用小步快跑方式进行版本迭代。

作为产品经理，我们既要让产品团队明确产品规划，也要让其他团队明确产品规划，关键是让大家知道产品的发展方向和迭代路径，且能够根据市场变化或运营情况调整产品规划。

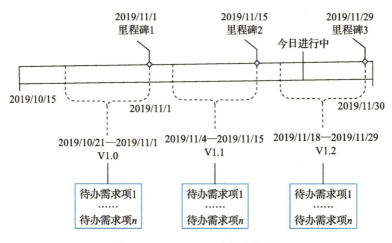

图 5-39 PMLink 产品路线图

产品规划就是建立各个版本迭代阶段的里程碑,让团队以此为项目实施的方向,最终达到期望的产品目标。

附录 | Appendix

产品经理常用术语

1. 行业术语

SEM（Search Engine Marketing，搜索引擎营销）：根据用户使用搜索引擎的方式，利用用户检索信息的机会，尽可能将营销信息传递给目标用户。

SEO（Search Engine Optimization，搜索引擎优化）：利用搜索引擎的规则提高网站在有关搜索引擎内的自然排名。

KOL（Key Opinion Leader，关键意见领袖）：拥有更多、更准确的产品信息，且被相关群体所接受或信任，并对该群体的购买行为有较大影响力的人。

VC（Venture Capital，风险投资）：向初创企业提供资金支持并取得该公司股份的一种融资方式。

VR（Virtual Reality，虚拟现实）：一种可以创建和体验虚拟世界的计算机仿真系统。

AR（Augmented Reality，增强现实）：一种实时计算摄影机影像的位置及角度并加上相应图像、视频、3D模型的技术。

LBS（Location Based Service，基于位置服务）：通过定位方式获取移动终端用户的位置信息，为用户提供相应服务的增值业务。

IaaS（Infrastructure-as-a-Service，基础设施即服务）：消费者通过租用的方式来使用基础设施服务，包括服务器、存储和网络等。

PaaS（Platform-as-a-Service，平台即服务）：将一个完整的软件研发和部署平台，包括应用设计、应用开发、应用测试和应用托管，作为一种服务提供给客户。

SaaS（Software-as-a-Service，软件即服务）：一种通过互联

网提供软件的模式。厂商将应用软件统一部署在自己的服务器上，客户可以根据自己的实际需求，通过互联网向厂商定购所需的软件服务，按定购的服务多少和时间长短向厂商支付费用，并通过互联网获得厂商提供的服务。

ASP（Application Service provider，应用服务提供商）：向企业用户提供互联网应用服务的服务机构。

ERP（Enterprise Resource Planning，企业资源计划系统）：MRP Ⅱ下一代的制造业系统和资源计划软件，用于改善企业业务流程以提高企业核心竞争力。

UML（United Modeling Language，统一建模语言）：一种开发的方法，用于说明、可视化、构建和编写正在开发的、面向对象的、软件密集系统的图形化语言，为软件开发的所有阶段提供模型化和可视化支持。

A/B Test（AB测试）：一种新兴的网页优化方法，可以用于提升注册率、转化率等网页指标。

PLC（Product Life Cycle，产品生命周期）：产品从投入市场到更新换代和退出市场所经历的全过程。

2. 文档术语

BP（Business Plan，商业计划书）：公司、企业或项目单位为了达到招商融资和其他发展目标，根据一定的格式和内容要求而编辑整理的一个面向受众全面展示公司和项目目前状况、未来发展潜力的书面材料。

BRD（Business Requirement Document，商业需求文档）：基于商业目标或价值所描述的产品需求内容文档（报告），核心用途是产品在投入研发之前，作为企业高层决策评估的重要依据。

MRD（Market Requirements Document，市场需求文档）：属于"过程性"文档，对年度产品规划中的某个产品进行市场层面的说明。

PRD（Product Requirement Document，产品需求文档）：产品项目由"概念化"阶段进入"图纸化"阶段的一个需求描述文档。

RMD（Requirement Matrix Document，需求矩阵文档）：对整个产品项目过程中所有涉及的需求进行收纳、整理、分类以及回归的记录文档。

DRD（Design Requirement Drawing，交互设计文档）：定义、设计人造系统行为的内容和结构，使之互相配合，共同达成某种目的或建立人与产品及服务之间有意义的文档。

PMD（Program Managment Document，项目管理文档）：在一个系统（软件）的开发进程中将提交的文档进行收集管理的过程。

FSD（Functional Specifications Document，功能详细说明文档）：敲定产品的每一个功能细节，直接与设计和开发进行挂钩。

SRS（Software Requirements Specification，软件需求文档）：在研究用户要求的基础上，完成可行性分析和投资效益分析以后编写的说明书。它详细定义了硬件、功能、性能、输入、输出、接口需求、警示信息、保密安全、数据与数据库、文档和法规的要求。

3. 运营术语

DAU（Daily Active User，日活跃用户量）：统计一日之内登录或使用了某个产品的日活跃用户数（去除重复用户数），用于反映网站或 App 的运营情况。

MAU（Monthly Active User，月活跃用户量）：统计一月之内，登录或使用了某个产品的月活跃用户数（去除重复用户数），用于反映网站或 App 用户的活跃度。

DNU（Day New User，日新增用户）：当天的新增用户。

URR（User Retention Rate，用户留存率）：在某段时间内开始使用产品，经过一段时间后，仍然继续使用该产品的用户。

UCR（User Conversions Rates，用户转化率）：通过某种媒介吸引用户转化为平台用户的比率。

ACU（Average Concurrent Users）：平均同时在线人数。

PCU（Peak Concurrent Users）：最高同时在线人数。

UV（Unique Visitor，独立访客）：访问某个站点或点击某条新闻的不同 IP 地址的人数。

PV（Page View，页面浏览量）：衡量一个网络新闻频道或网站甚至一条网络新闻的主要指标。

ARPU（Average Revenue Per User）：平均每个活跃用户的收益。

LTV（Life Time Value，生命周期价值）：客户终生价值，是公司从用户所有的互动中所得到的全部经济收益的总和。

CAC（Customer Acquisition Cost）：用户获取成本。

KPI（Key Performance Indicator，关键绩效指标）：通过对组织内部流程的输入端、输出端的关键参数进行设置、取样、计算、分析，一种衡量流程绩效的目标式量化管理指标。

ROI（Return On Investmen，投资回报率）：通过投资而返回的价值，即企业或个人从一项投资活动中得到的经济回报。

AARRR 模型（Acquisition Activation Retention Revenue Refer）：对应用户生命周期中的获取、激活、留存率、收入、传播五个重要环节，这些量化指标对用户运营很重要。

OMTM（One Metric That Matters，北极星指标）：在产品的任何一个阶段，都需要找到唯一重要的指标，把它放到比其他任何事情都重要的位置上。

SWOT 分析（Strength Weakness Opportunity Threat）：基于内外部竞争环境和竞争条件下的态势分析，将与研究对象密切相关的各种主要优势、劣势、机会和威胁等，通过调查、列举、分析从中得出一系列相应的结论。

后　记

多少青涩流年如烟似雾不见当年度年华，多少颓废岁月如梦初醒不见今朝正青春。经过一年多的写作和打磨，本书最终得以完稿。几百页的书稿，十多万字，几乎用上了我这一年来所有的周末时间。

我写这本书的时候，以"产品闭环"为切入点。但"产品闭环"是一个非常大的话题，我能做的就是结合自己的产品知识和工作经验，去解读和回答我对"产品闭环"的理解。

第一次出书缺乏经验，基本理论和实战案例的平衡做得不好，有些内容写得还是不够深入，或有失偏颇。到底深度和广度哪个更为重要，一直是一个议论不休的话题，所以我把答案留给读者，期待你们的见解。

这本书是我做产品的经验沉淀，期待给产品经理传递一种建立产品知识体系的思想。希望你读完这本书后，会增强构建产品闭环的意识，形成一套自己的产品方法论。也希望这本书能够帮你解答产品上的困惑或者工作上的问题。

写完这本书，有太多的人来不及当面说一声感谢。我想借此机会，衷心的感谢每一位给予我直接或间接帮助和建议的导师、领导、同事、朋友和家人。

感谢在学业上给予我帮助的导师和同学：包常明、刘慧玲、崔健、白艳娟、周浩。感谢在工作上给予我帮助的领导和同事：陈伟峰、董栋、王伟、李家文、南江、朱晓琴、林凯嘉。

感谢陈伟峰、钮问、李家文、李姝佳、Eric、刘昌林、Tsing Xu、陈森林、刘园园、冯驰、Teapa、刘洋为本书写了中肯的推荐语，这是对我莫大的鼓励与支持。

感谢试读本书电子版的公众号读者、产品同行、星球嘉宾和微博粉丝，尤其感谢那些在阅读过程中反馈文章不足和提出改进建议的朋友。

感谢机械工业出版社为本书出版伸出的橄榄枝。感谢编辑杨福川、罗词亮、张锡鹏和董惠芝，全程跟进出版事宜。特别是杨福川老师，为本书提出了许多修改意见。

感谢家人对我一如既往的支持与理解。感谢父母言传身教的鼓励，才使得我能够兼顾业余写作和接单。感谢朱科敏老哥在工作上的帮助，尤其是毕业前给我传授的职场技能和经验，让我受用至今。

感恩此书与你遇见，因为每个读者都是匆匆过客。有些人否定它，转身便会抛诸脑后；也有些人认可它，回首必定如获至珍。在此，感谢每一位翻阅到此书的朋友，我将铭记于心。

推荐阅读

推荐阅读